Irmina
Summer 2003

Jean Lebon

Para vivir
LA
LITURGIA

EDITORIAL VERBO DIVINO
Avda. de Pamplona, 41
31200 ESTELLA (Navarra)
1998

7ª edición

Dibujos: *C. Gómez*. Cubierta: *EVD*.
Traducción: Nicolás Darríçal. Título original: Pour vivre la liturgie. © Les editions du Cerf
© Editorial Verbo Divino. 1986. Es propiedad. Fotocomposición: Gráficas Visedo, s.a.l.,
Salamanca. Impresión: Gráficas Lizarra, S.L., Estella (Navarra). Depósito legal: NA.
1.977-1998.

ISBN 84-7151-520-2

I
CELEBRAR

... *los hombres celebran*

1

Cuando los hombres celebran

«¡Fiesta nacional!» – «Quedáis invitados a la boda de Y y de Z» – «Mañana celebramos el cumpleaños de W». Todos estos anuncios de celebración no suscitan en nuestro ánimo ni teorías, ni ideologías, ni quizás inmediatamente sentimientos. Lo que surge ante todo en nosotros son unas imágenes: la corona de flores que se coloca ante el monumento a la patria y el desfile de un cortejo acompañado de la banda municipal, la recién casada de blanco partiendo la tarta nupcial, los regalos y el tirón de orejas al que cumple años. Es decir, con la palabra y con el acontecimiento-celebración se asocian naturalmente las imágenes de unas acciones simbólicas.

Lo mismo pasa en la misa: gestos del sacerdote y de los fieles, cantos, música, etc.

Para comprender la liturgia, no hay más remedio que pensar en el **símbolo**, que es común a toda experiencia humana y que constituye el material básico de la liturgia cristiana. En efecto, la liturgia está esencialmente formada de acciones simbólicas.

Se trata de una cuestión complicada. Pero que no se asuste el lector. Procuraremos hablar con sencillez, ahorrándole todo lo que podamos las palabras (necesarias) de los especialistas y apelando sobre todo a las observaciones que él mismo puede hacer[1], para asentar algunas afirmaciones capitales que le hagan comprender la liturgia y la existencia de la fe.

Significante-significado

Toda expresión humana comprende un significante y un significado: en Inglaterra, entro en una panadería, enseño un pan y digo: «*Please, bread*»; el **significante** es el dedo extendido y el sonido «*bread*», el **significado** es aquel trozo de harina amasado con levadura y cocido. En España, el significante sería (para el mismo significado) el sonido «*pan*».

---

[1] Si quiere estudiar en profundidad los mecanismos de la «función simbólica» y sus fundamentos, puede leer el libro, un poco difícil pero apasionante, de L. M. Chauvet, *Du symbolique au symbol. Essai sur les sacrements*. Cerf, Paris. En las páginas siguientes recogemos algunas expresiones felices de este autor.

En otras palabras, para comunicarme con aquel panadero inglés y hacerle llegar mi mensaje, he utilizado dos códigos: el signo del dedo extendido y el de un sonido concreto.

Signo y símbolo

<u>Pero a veces las cosas son de otra manera.</u>

Pongamos un ejemplo. Por convencionalismo social (¡el código de la circulación!), cuando veo una señal roja, traduzco: «peligro, prohibición». Se trata de un **signo**. Los responsables de la circulación me han transmitido un mensaje y todo lo que desean es que lo respete.

Pero cuando veo el rojo en la bandera española, en la sotana de púrpura de un cardenal, en la casulla roja del sacerdote, ocurre otra cosa: el color rojo (el significante) me remite (o me puede remitir), no ya solamente a un significado, sino sobre todo **a otros significantes**: la sangre de la batalla, el fuego, el amor, la revolución, el Espíritu Santo, etc. **Es un símbolo**.

<u>Cuando el hombre celebra algo, utiliza **signos**</u> («tiene la palabra», «queridos hermanos»: el discurso de un orador o la homilía de un sacerdote), pero utiliza sobre todo **símbolos** (la corona de flores en el monumento al soldado desconocido remite a otros significantes: la muerte, la vida, el recuerdo, la gratitud, etc.; el banquete de bodas remite a otros significantes que son el cariño, la alegría, la vida una vez más; la tarta de cumpleaños con velas que hay que apagar remite a la vida [¡el soplo!], al crecimiento, al pasado, al afecto, etc.).

Una casa de dos pisos

De hecho, esta distinción, por muy importante que sea, no siempre es tan clara. Si para el código de la carretera se ha escogido el color rojo, es porque es el más visible, pero también porque, al menos inconscientemente, evoca a la sangre.

Al revés, el símbolo es ante todo signo; me envía un mensaje: veo a un eclesiástico con sotana de púrpura y digo enseguida: «¡Es un cardenal!». Pero además la púrpura actúa sobre mí como un símbolo. Cuando en mayo del 68, vi llegar a mis jóvenes alumnos a clase gritando llenos de excitación: «Señor cura, hay una bandera roja en la fábrica de al lado», habían recibido el mensaje (la fábrica en huelga), pero su excitación demostraba que el color rojo actuaba sobre ellos por su simbolismo.

Es algo así como si en una casa la planta baja fuera el signo y el primer piso fuera el símbolo. Otro ejemplo más sencillo: si en el extranjero una persona me invita a comer y no comprendo su mensaje (signo), tampoco puedo comprender que aquel hombre quiere ser mi amigo (símbolo). Lo mismo podemos comprobar con el pan eucarístico, que debe ser primero pan (signo) para ser símbolo de una realidad muy distinta (p. 147).

Gratuidad del símbolo

A diferencia del signo, el símbolo no es utilitario. Si nos repartimos una tarta, no es para alimentarnos; si ponemos encima unas velas, no es para que iluminen; si ponemos unas flores en un monumento, no es para adornarlo. Tampoco acudimos a la sagrada mesa para alimentar nuestro cuerpo. El símbolo no sirve para nada, los artistas y los poetas no sirven para nada, la liturgia no sirve para nada, al menos en el sentido utilitarista de nuestras sociedades de técnica y de consumo. El símbolo es **gratuito**.

Entre comillas...

Para que haya símbolo, hay que aislar un objeto, un gesto, una palabra de su contexto habitual. De pan están llenas las panaderías; y hay rosas a montones en los mercados de flores.

Pero resulta que un enamorado ofrece una rosa a la dama de sus pensamientos, que el presidente de la nación deposita una corona de rosas ante un

[Notas manuscritas en el margen izquierdo:]

Signo — Cosa q evoca en el entendimiento la idea de otra

Símbolo — Cosa sensible q se toma como representación de otra, en virtud de una convención o por alguna semejanza o correspondencia q el entendimiento percibe entre ambas. Ex: Química Música

monumento. Entonces la rosa se convierte en símbolo de otra cosa. O resulta que unos hombres y unas mujeres se reúnen los domingos para ofrecer y comer un poco de pan; entonces el pan se convierte en símbolo, en sacramento de alguien.

Utilizar una cosa como símbolo consiste en ponerla entre comillas. **Es utilizar un signo** (por ejemplo, la vela) **apartándose de las normas habituales y cotidianas** (la vela está hecha normalmente para iluminar) a fin de provocar una especie de choc. Y en definitiva, el objeto más trivial (la hoz y el martillo) puede convertirse en símbolo; el individuo menos dotado puede llegar a ser símbolo vivo de la unidad de un reino.

El símbolo, creador de sentido

Cuando el gato maúlla a la puerta, es que quiere entrar; cuando el perro mueve la cola, es que está contento. Los animales más evolucionados también utilizan signos. Pero nunca símbolos.

En un signo, el sentido es limitado, está cerrado. El sonido «rosa» en español designa una especie concreta de flor, y el sonido «pan», «pain», «bread» o «brot» designa, según las lenguas, el alimento que todos conocemos.

Con el símbolo, el sentido siempre es nuevo e ilimitado. Desde que existe la rosa, ha servido para expresar el amor, la vida (con sus sufrimientos, ya que «no hay rosa sin espinas»), la juventud (recoged la flor de vuestra juventud). El pan, incluso hoy en nuestros países en que tanto se ha devaluado (en mi niñez tirar el pan era todavía «ofender a Dios»), simboliza todo lo que alimenta al hombre, el trabajo duro (ganarse el pan), la amistad (compartir el pan), las dificultades de la existencia (el pan duro), etc.

Como siempre que se evoca un simbolismo —ya lo habrá observado el lector— hay que añadir un «etcétera». Es que nunca puede agotarse el sentido del símbolo.

Con los signos, todo está bien definido, etiquetado. Cada cosa en su sitio en los pequeños ficheros del conocimiento. Todo tiene un sentido concreto, unívoco: un gato es un gato.

Con los símbolos, todo está abierto. Desde que el hombre existe, descubre siempre signos nuevos en los regalos que hace o en el pan que comparte.

Es verdad que con el símbolo quedan a veces las cosas en el aire (y a la gente amiga de clasificarlo todo no le gusta que queden las cosas por el aire), en medio de cierta ambivalencia: como ya hemos indicado, ese pan blando y sabroso que compartimos a gusto es también el pan duro que hay que roer, el vino de la fiesta es también el cáliz amargo (... hasta las heces), la rosa tiene sus espinas y los símbolos litúrgicos del agua y del fuego, si son fuentes de vida, son también fuerzas de destrucción.

Nunca es posible cuadricular un símbolo. Si alguien se empeñase en ello, lo mataría. Es que, a diferencia del signo que interesa al conocimiento, el símbolo es el lugar del reconocimiento. Lo veremos en el siguiente capítulo.

Cuando faltan palabras...

En las circunstancias más graves (emociones fuertes, alegría desbordante, pena profunda) recurrimos al símbolo; cuando «no encontramos palabras para decirlo», cuando la alegría o el dolor o la compasión fraterna son imposibles de expresar, cuando la proximidad de un gran misterio «nos corta el aliento», ¿qué otro recurso nos queda para comunicarnos con los demás? La presencia silenciosa, desde luego (pero ¿no es ella simbólica?), y sobre todo el gesto simbólico. Recordad la parábola del hijo pródigo en Lc 15; fijaos en el padre; ¿qué es lo que hace para expresar su gozo inefable (es el centro de la parábola)? *«Corrió hacia él y le abrazó con cariño».* Luego dio órdenes para celebrar el acontecimiento: los vestidos, el anillo, el calzado y sobre todo: *«Traed el carnero cebado, matadlo, comamos y alegrémonos».* Y hay música y baile. En todo esto no vemos ningún discurso, a no ser para señalar el motivo de la fiesta: «Mi hijo estaba muerto y ha vuelto a nacer».

Como dice muy bien L. M. Chauvet, la simbolización es *«el no va más del lenguaje»*. Entonces se comprende por qué la celebración cristiana, más que cualquier otra celebración humana, se expresa por símbolos, ya que pretende significar lo Totalmente Otro, lo In-efable, lo In-decible, el Dios Invisible.

La palabra sacramento (*sacramentum*) tiene varios significados en el lenguaje teológico. Está primero la palabra «misterio» (en griego *mysterion*), no en el sentido de algo más o menos incomprensible, sino en su sentido bíblico de «proyecto de Dios», manifestado y realizado en Jesucristo (por ejemplo, en san Pablo: Rom 16, 25-26): lo que era visible en Cristo lo es ahora en los sacramentos.

Por eso, la palabra sacramento se define también como un signo que produce la gracia que significa. Por tanto, habría que hablar más bien de símbolo, o más exactamente de signo simbólico.

La liturgia es a la vez signo y símbolo. Es un signo en el sentido de que remite al último significado, que es Dios. Cuando «pase la figura de este mundo», ya no necesitaremos significantes, puesto que «veremos a Dios tal como es», como dice la liturgia (1 Jn 3, 2).

Pero también es símbolo. Todo lo que en ella hacemos remite a Cristo, el significante de Dios, «imagen del Dios invisible» (San Pablo).

La «mezcla de los símbolos»

Si yuxtaponemos en el tiempo y en el espacio varios símbolos, de su relación brotarán nuevas significaciones.

Un ejemplo muy sencillo: el ramo de flores sobre una tumba, o en una mesa o en el vestíbulo de una casa. Las zonas rayadas indican sentidos que dejo a la experiencia de cada uno.

No faltan ejemplos litúrgicos de «mezcla».

10

2

Los hombres se re-conocen

Una historia de fichas

En la palabra símbolo se esconde la idea de «poner juntos». Entre los griegos, el *symbolon* era una especie de ficha, un objeto dividido en dos trozos, cada uno de los cuales se entregaba a uno de los firmatarios de un contrato. Dicen que todavía se practica algo parecido en ciertos ambientes clandestinos: se divide un billete en dos partes; cada una de las partes no tiene ningún valor en sí misma; las dos partes reunidas sirven para reconocer a dos compinches.

«Lo reconocieron al partir el pan»

El símbolo es una especie de pase; un encuentro entre dos personas.

El símbolo nos pone en relación. Cuando fui a comprar pan a casa del panadero, mi relación con él casi no existía, o por lo menos no tenía nada que ver con mi compra. Estábamos en el nivel del **signo** y lo que importaba era el **mensaje**.

Cuando parto el pan (o reparto la comida) con algunos amigos, entro en relación con ellos. Entonces, la relación es más importante que lo que se comunica. **El signo pertenece al orden del conoci-**miento, **el símbolo al del re-conocimiento.** Gracias al símbolo, uno se reconoce a sí mismo (se encuentra uno en él) y se reconocen varios mutuamente (hay algo que les liga). *«Lo reconocieron en la fracción del pan»*, nos dice san Lucas a propósito de los discípulos de Emaús... Seguramente, por este gesto se reconocieron también *a sí mismos* como discípulos del crucificado-resucitado, ya que se hicieron portadores de la buena nueva volviendo a Jerusalén, al lugar de la prueba.

Un medio de identificarse

El símbolo tiene siempre una **dimensión social**.

La bandera nacional, el himno nacional, la fiesta nacional permiten a los ciudadanos reconocerse como miembros de una misma entidad social, política y territorial. Todo movimiento político, cultural, educativo, toda agrupación humana se identifica por medio de prácticas simbólicas. Estas permiten al individuo integrarse en el grupo y permiten al grupo diferenciarse, **situarse en relación con el resto de la sociedad.**

De esta manera, el cristiano se reconoce miembro de la iglesia, comulgando del cuerpo de Cristo o proclamando el símbolo (¡fíjate!) de los apóstoles

11

o de Nicea-Constantinopla. Al reunirse regularmente (la asamblea misma es también un símbolo: véase p. 38), el grupo se distingue, se «sitúa» frente al resto de la humanidad.

Y así es como los hombres nos reconocen: saben que «vamos a misa». Es lógico que a ellos el símbolo no les hable como a nosotros, ya que no son de la familia. Recordemos además las palabras del Señor: *«Amaos unos a otros...; por este signo recono-* cerán *que sois discípulos míos»*. Veremos cómo el símbolo tiene que ir a la par con la existencia de cada día, pero ¿acaso amar a los hermanos es suficiente para reconocernos (¡también hacen eso los paganos!) si el mandamiento del amor no se reconoce además a través de una simbolización? Esta, es decir, la liturgia, es indispensable para que los otros nos reconozcan y para que nosotros mismos, los cristianos dispersos por todo el mundo, nos reconozcamos mutuamente «como discípulos suyos».

Distintos, pero unánimes

Cuando vibran los acentos de la marcha real, todos los españoles se reconocen como un mismo pueblo. El símbolo de la patria no suprime los conflictos internos, pero permite trascenderlos. Sin duda es este sentimiento nacional, alimentado continuamente, renovado en las celebraciones, el que permite a todos los elementos de una nación formar un frente común cuando surge un grave peligro para la comunidad. Lo vimos bien, por ejemplo, en la Resistencia francesa, cuando lucharon codo a codo hombres de las más diversas creencias, ideas y clases sociales.

Mientras que el signo arroja un rayo de luz muy fino sobre un punto concreto de la realidad, el símbolo amplía los horizontes. Como demuestra la experiencia, **una misma celebración es vivida a la vez de forma unánime y diferente por las personas que participan en ella**. Unas bodas de oro son vividas de manera distinta por los viejos esposos, por sus hijos, por sus nietos o por algún pariente que acaba precisamente de perder a su esposa. Eso mismo lo experimentamos también cuando en un equipo litúrgico se habla de una celebración pasada: vemos con sorpresa que incluso quienes la programaron la vivieron de manera distinta.

Esto se debe entre otras cosas a que el símbolo se sitúa en el nivel de la relación con unas personas que son totalmente diferentes y que viven unas situaciones diferentes. Por otra parte, **una misma persona descubre distintos sentidos en la misma celebración vivida varias veces**: cuando comulgo, un domingo vivo más la comunión con Cristo que sufre, otro domingo vivo más la comunión con el resucitado, otro me siento más unido a mis hermanos. Está claro que siempre están presentes todos estos sentidos, pero lo que vivo en cada ocasión me hace más sensible a unos que a otros.

El símbolo no es subjetivo ni objetivo.

Ni subjetivo, en el sentido de que cada uno pueda ver en él lo que quiera, puesto que siempre hay un núcleo de sentido unánime; ni objetivo, ya que la significación no es nunca automática. El símbolo es relación. Es experiencia.

Es posible comprobarlo en la liturgia. Cuando al salir de una misa oís decir a la gente joven: «ha estado fetén», y a los mayores: «una misa muy bonita», seguro que las cosas han funcionado bien bajo el aspecto del símbolo. Y estoy convencido, por propia experiencia, de que hasta los niños acuden con gusto a la liturgia de una comunidad parroquial cuando hay una buena actuación simbólica. Si no van, si se aburren, puede ser por dos motivos: porque no están suficientemente evangelizados (como suele ser, por desgracia), o porque la liturgia se reduce a discursos (y también esto es frecuente); los niños, lo mismo que los poetas y los artistas, están abiertos naturalmente al lenguaje simbólico.

La totalidad del hombre

Si unifica a los hombres entre sí, **el símbolo unifica también a todo el hombre**. En efecto, a diferencia del signo que concierne esencialmente a nuestra facultad de conocimiento, el símbolo afecta a todo el hombre: a su inteligencia, desde luego, pero también a sus sentimientos, a su afectividad, a su imaginación, a todo su cuerpo.

Hablaremos luego de la importancia del cuerpo en la liturgia, pero observemos ya que en la acción simbólica, y por tanto en la liturgia, hay primero unas cosas que ver, que oír, que tocar, que saborear, que sentir; y hay unos desplazamientos corporales en el espacio y unos gestos. Es lo que indicaba el catecismo de nuestra infancia cuando hablaba de «signos *sensibles*». El símbolo nos capta por entero.

Una oportunidad que se ofrece

Como habla al hombre por entero, como es vínculo, reconocimiento, pacto, alianza entre los hombres (y entre los hombres y Dios en lo que atañe a la liturgia), el símbolo es experiencia de relación.

En la relación, cada uno es libre. Libre de entrar en ella o de salir, libre de acoger el sentido. Cada uno puede seguir siendo lo que es y vivir en verdad la relación.

El símbolo es una proposición. A diferencia del signo, nunca es posible dominar los efectos del símbolo. Se pueden programar símbolos, pero no se puede programar lo que ocurrirá en el ánimo de los participantes. Más bien es él el que nos puede dominar a nosotros. El símbolo es **siempre una oportunidad que se ofrece**, una oportunidad abierta. Confiemos en él.

3

La experiencia simbólica

Acceder a la realidad
Formar cuerpo con toda la realidad

El mundo tiene necesidad de artistas y de poetas. Por desgracia, no es difícil adivinar lo que sería una sociedad que creyese tan sólo en la ciencia y en la técnica. La pura inteligencia no permite acceder más que a una parte de lo real. El poeta, el artista, el hombre espiritual toman otros caminos y pueden llegar a captar una realidad mucho más amplia, mucho más alta y mucho más profunda, no cuantificable, difícil de definir; ellos son los exploradores del **sentido**. Por eso a menudo desconciertan a los demás...

El autor del Génesis era un poeta a su modo. La organización del universo, tal como él lo describe y como lo concebían las cosmogonías contemporáneas, hace ya tiempo que se ha superado (ya Voltaire se reía de ella). Pero el sentido de esa creación sigue siendo verdadero. Y nunca acabaremos de descubrirlo...

El poeta, el artista, la liturgia no intentan ante todo entregarnos un mensaje, sino que nos invitan a una **experiencia**. Nos dicen: «Dejaos llevar por mi poema, por mi cuadro o por mis ritos y penetraréis en un mundo que vuestros ojos no pueden ver ni vuestra pura inteligencia comprender». Y el teólogo más sabio tiene que pasar por la experiencia simbólica para vivir ese Dios que no cesa de escudriñar con su inteligencia. «*Te doy gracias, Padre, por haber ocultado esto a los sabios y entendidos y habérselo revelado a los más pequeños*». ¿No hay que tener un alma de niño para acoger la experiencia simbólica? ¿No se dice, para exaltar la alegría de una fiesta: «nos hemos divertido como críos»? Capacidad de asombro, de salir de nuestras casillas, de atreverse a hacer gestos que, vistos desde fuera de la experiencia, pueden parecer pueriles o locos. El símbolo es **una puerta abierta a la realidad**, con tal de que uno se deje llevar por él.

La liturgia dice y hace

Cuando el día de la madre, un niño ofrece a su mamá un regalo o unas flores, con este gesto le expresa su amor y su gratitud.

Como hemos dicho ya, en el símbolo hay una parte de mensaje, de signo, de información. Pero eso no es lo esencial. Cuando un enamorado dice a su chica: «Te quiero», no se trata de una información (ella no le responde: «Ya lo sé, me lo has dicho mil veces»; eso sería preocupante). Ejemplo de palabra simbólica (que es más bien acción que palabra, como veremos en el capítulo siguiente); al decir esto, el amor crece, toma forma. Esa palabra dice, pero sobre todo «hace» amor.

Cuando recibo el pan consagrado, me dicen: «El cuerpo de Cristo». Admirable elipse de la fórmula, porque puedo entender: «Sí, de acuerdo, este pan es el cuerpo de Cristo», o también: «Nosotros somos el cuerpo de Cristo». Pero sobre todo, cuando recibimos el cuerpo de Cristo, nos hacemos un poco más miembros de ese cuerpo. **El símbolo (el sacramento) produce en mí lo que significa**. En ese gesto y esa palabra (signos simbólicos) hay una teología (del orden del signo); casi podría decirse que hay sobre todo una teo-urgia («urgia» como en metalurgia), o sea, una operación, una transformación.

El símbolo me permite entonces acceder a una realidad, que actúa esencialmente sobre mí, en mí mismo.

Finalmente, **el símbolo hace presente la realidad**. En el nivel de los signos, puedo pronunciar las palabras de regalo, de ramo de flores, de amor, de gratitud, sin hacer por ello que existan esas realidades.

En el registro simbólico, por el contrario, el hecho de ofrecer un regalo, unas flores (si se hace esto de verdad, como es lógico), da existencia a las realidades del amor y de la gratitud. El hecho de recibir el pan consagrado hace existir la realidad de la comunión con Cristo. El hecho de ser bautizado me hace miembro de Cristo.

¡Cuidado! No se trata de una comparación: te hago un regalo *lo mismo que* tú me amas, yo me uniré a Cristo *lo mismo que* el pan se une a mi cuerpo, yo me uniré a mis hermanos «*como* los granos de trigo se unen en una sola hostia», yo me sumergiré en el agua *como* Cristo en la muerte. Es

evidente que existe este aspecto de comparación, pero hay algo mucho más fuerte que eso.

La realidad significada no está «al lado» (parábola), sino que está unida (sím-bolo) al significante. En un puro mensaje, el signo tiende a borrarse, una vez que ha transmitido el mensaje. Por el contrario, el símbolo y la realidad coexisten. **Es preciso que el símbolo permanezca, para que la realidad sea significada**.

Volvamos al ejemplo del bautismo: yo no me sumerjo en el agua **como** Cristo en la muerte, sino que, al hundirme en el agua, me sumerjo en la muerte de Cristo para salir vivo de allí. *«La verdad del bautismo, como la de todo sacramento, sólo se hace **en el seno** de la acción simbolizante y **según** ésta»* (L. M. Chauvet, *o. c.*, 71). Es verdad que intentamos vivir la realidad de nuestro bautismo a lo largo de toda nuestra vida «mojándonos» en la cruz, no dudando en sumergirnos con él en la lucha de la vida contra la muerte; pero esto no impide que sea en el acto del bautismo donde esta inmersión es más real.

Una realidad oculta y revelada

Nuestro Dios es a la vez un Dios oculto, inaferrable, Dios-silencio, el gran ausente, y el Dios revelado, manifestado, Dios-palabra, el gran presente. Palpamos esta verdad paradójica en el misterio mismo de Jesús. Al mismo tiempo, Jesús revela al Padre («el que me ve, ve al Padre») y oculta a Dios; es piedra de tropiezo, escándalo para los judíos creyentes. Para descubrir a Dios en él, era preciso confiar en él, poner en él la fe, dejarse llevar por él.

Lo mismo ocurre con la acción litúrgica y sacramental. **Nos oculta y nos revela al mismo tiempo el misterio de Dios**. Hay que dejarse llevar por ella o, mejor dicho, por Cristo que, en la fe de la iglesia, actúa a través de ella.

Nuestro cuerpo

Rigurosamente hablando, es posible prescindir de todos los objetos para celebrar algo; pero nunca se puede prescindir del *cuerpo*. El mundo occidental en conjunto ha relegado el cuerpo a segunda fila y ha ensalzado la inteligencia, la cerebralidad (de ahí, por reacción, el éxito de las técnicas orientales). Algunos atribuyen esta desconfianza del cuerpo a toda una tradición judeo-cristiana; no han leído nunca la biblia, ni cantado los salmos en los que siempre está presente el cuerpo. Ha sido salvado todo el hombre, cuerpo y alma: *«Lo que era desde el principio, lo que hemos **oído**, lo que hemos **visto con nuestros ojos**, lo que hemos contemplado, lo que han **tocado nuestras manos** del Verbo de vida,... es lo que os anunciamos»* (1 Jn 1, 1-3).

Pues bien, nuestro cuerpo es el primero que se ve afectado por la acción simbólica, ya que es el **lugar de la relación**, relación con la creación (sobre todo en el espacio), con los demás, con Dios. No hay más que observarlo: nuestras actitudes, nuestros gestos, nuestras miradas y hasta el timbre de nuestra voz se modifican según la relación que tenemos con lo que está fuera de nosotros.

Si queremos entrar o ayudar a que los otros entren en relación con Dios, tenemos que atender a nuestro cuerpo. Podemos preocuparnos de los cantos, de la oración que hay que rezar, del texto que hay que leer, pero nos quedamos fuera de las cosas, si no nos implicamos corporalmente en ellas. Nos olvidamos de que cantar es un gesto de todo el cuerpo, de que se trata ante todo de rezar, de que hay que proclamar un texto haciéndolo pasar antes por mi soplo y por mi voz, etc.

Hacer es decir. Cuando un amigo está sufriendo, un estrechón de manos o un abrazo nos acercan más a él que cualquier palabra. Nuestros gestos hablan más que nuestras palabras. También en la liturgia, lo que hacemos pesa más que todas nuestras palabras. Podemos predicar hasta quedar roncos que la iglesia no es sólo la jerarquía, pero si de hecho en nuestras asambleas todo está clericalizado, hablaremos en vano. Podemos engolarnos con palabras tales como comunidad fraterna y comunión; si de hecho la asamblea no hace esta comunidad, reuniéndose por ejemplo en vez de estar dispersa por los bancos, si nadie se digna mirar a su vecino, nuestras palabras serán vanas. Por eso la iglesia ha visto siempre en su liturgia eso que los especialistas llaman un «lugar teológico», es decir, un «sitio» que nos enseña algo sobre la fe cristiana.

4

La liturgia es hacer

El símbolo, como hemos dicho, actúa en nosotros, es operatorio, obra; pero para eso, antes hay que hacerlo, ponerlo en obra. Sabemos que hay que insistir especialmente en esto en un mundo en el que se habla y se escribe tanto, en el que la masa de informaciones cae continuamente sobre nosotros. La iglesia de nuestra época no se libra de este continuo chaparrón verbal. Pero **la liturgia es ante todo hacer.** Ya lo habrá notado el lector: hemos hablado ordinariamente de símbolo, pero habría sido mejor hablar de acción simbólica. Un objeto no es nunca simbólico en sí mismo; se hace simbólico cuando sirve de soporte a una acción, a un gesto. Las flores, una luz, el agua, una bandera no son simbólicos en sí mismos; las flores que ofrezco, la luz que enciendo o que transmito, el agua que derramo sobre alguien o en la que me sumerjo, la bandera que ondeo: eso sí que es simbólico. Al menos, es siempre necesaria una acción: la bandera que veo en el balcón central de un edificio ha sido puesta allí por alguien con una intención concreta; el pan eucarístico que adoro no puede ser captado en su sentido pleno más que en relación con la acción eucarística.

Por otra parte, muchas acciones simbólicas prescinden del objeto material, como pasa con los gestos, con el canto o con la palabra.

Dejar hablar al símbolo

Es verdad que la celebración no puede prescindir de palabras, pero antes es preciso situar correctamente el símbolo, darle todas las oportunidades para que sea él mismo una oportunidad para nosotros.

Como ya hemos subrayado, el símbolo habla a todo nuestro ser y por tanto especialmente a nuestro cuerpo y a nuestros sentidos. Por eso, es esencial que lo que se dirige a nuestra mirada, a nuestra vista, a nuestro tacto, a nuestro olfato, a nuestro gusto, hable por sí mismo; es esencial que los gestos que hacemos o la forma con que disponemos nuestros cuerpos en el espacio hablen por sí mismos.

Que el símbolo pueda hablar por sí mismo, en el corazón mismo de la acción simbólica, antes de que intentemos hablar de él. Así es como, en los primeros siglos de la iglesia, entendían las cosas nuestros padres en la fe.

En aquellos lejanos tiempos, era después del sacramento cuando se desarrollaba todo su simbolismo (pueden verse ejemplos en el mismo Nuevo Testamento: 1 Pe 2, 1-10 o Rom 6-8), con sus consecuencias para la vida cristiana. Es lo que se llama la «mistagogia». Una vez que el sujeto ha sido evangelizado previamente, no se le inicia realmente en el sacramento, sino que es más bien el sacramento el que lo inicia a él. Primero se hace y luego se habla. La cualidad del obrar simbólico tiene una gran importancia para la realidad que celebramos y por tanto para la fe.

Las discusiones que siguieron a la reforma del Vaticano II han recaído más sobre cuestiones de forma que de contenido verbal: el gregoriano, las misas con guitarra, la comunión en la mano... Una prueba de que el obrar de la iglesia resulta quizás más importante que el decir.

Pero decir es también hacer. Cuando el alcalde pronuncia un discurso ante el monumento a la patria, quizás es porque tiene que dar un mensaje a sus ciudadanos. Pero también es que su intervención como el primero de los ciudadanos es simbólica. ¡Cuántos discursos oficiales carecen de todo interés en su contenido y sin embargo nadie aceptaría que no hubiera orador en aquella ocasión!

En nuestras asambleas también son necesarios los discursos, las intervenciones diversas, para entregar un mensaje; pero la mayor parte de las veces el tomar la palabra tiene también un carácter simbólico. El sacerdote, al pronunciar su saludo, se sitúa ante la asamblea y aquel saludo simboliza, realiza la estructura de la iglesia. Cuando toma la palabra un laico, bajo la forma de testimonio o en el momento de dar unos anuncios (véase p. 153), simboliza con toda claridad (sobre todo hoy, en contraste con el pasado), independientemente del contenido, la responsabilidad del pueblo de Dios.

Hay que llegar aún más lejos y hablar de las «palabras sacramentales» (la absolución, o las palabras de la consagración, o las que acompañan al gesto de bautizar). A veces se las ha tomado como palabras mágicas, sobre todo las de la consagración; el término de «fórmula» es ya bastante revelador. En el c. 14 hablaremos sobre lo que tiene de específico el sacramento y sobre la articulación entre el gesto y la palabra, pero desde ahora hemos de observar que la «eficacia» de esas palabras se arraiga en su naturaleza de palabra simbólica. Ya hemos evocado el carácter performativo (véase en la p. 65 el sentido de esta palabra) del «yo te amo» del enamorado. Lo mismo ocurre con las palabras sacramentales: decir «esto es mi cuerpo» es hacer participar de la vida de Cristo; y decir «yo te perdono» es hacer efectivo del perdón de Dios.

El símbolo no se explica. No se habla de él; es él el que nos habla. Hemos aprendido a decir buenos días ((«dile buenos días a esa señora...»), a hacer regalos, mucho antes de que nos hayan dado una explicación sobre esos hechos, si es que alguna vez nos la han dado.

Imaginemos a uno que nos dice: «Estrecho tu mano porque esto quiere decir que...», «te doy un beso, porque el beso quiere decir que...». Diríamos que ese hombre está chiflado. Es verdad que quizás pueda explicarse históricamente el apretón de manos (¿demostrar que la mano derecha, la que empuña de ordinario el arma, es inocente de toda intención agresiva?) o psicoanalíticamente el beso (¿«te quiero tanto que te comería...», «estás tan buena como un bombón»?), pero esas «explicaciones» no interesan más que a los especialistas.

El símbolo no se explica. Si lo comprendiéramos, nuestras celebraciones se librarían de esas innumerables glosas: «Ahora el sacerdote hace esto porque...», «y ahora cantamos este canto porque...».

Si lo comprendiéramos, no nos empeñaríamos en transformar la misa de los niños en una catequesis. Es verdad que hay que adaptar la celebración a las posibilidades culturales y psicológicas de esa edad, pero sobre todo hay que enseñarles a obrar. Luego se les hablará, pero para ayudarles a descubrir, a concretar el sentido de lo que han hecho, a situarlo en el conjunto de su despertar a la fe, y no tanto para enseñarles o explicarles; es decir, hay que *vincular* la experiencia que han tenido con otras experiencias.

El símbolo no se explica. En los ejemplos que hemos ido poniendo hay que evocar su funcionamiento, pero no podemos hacerlo más que apelando a las experiencias ya vividas, sin poder prejuzgar de antemano sobre las que se vivirán. En definitiva, si los simbolismos actuasen siempre como es debido, este libro sería inútil; su autor estaría cortando la rama misma sobre la que se ha sentado... Pero..., pero...

Signos significantes

Para que actúe el símbolo, es preciso que el significante... sea significante. Una anécdota: recién ordenado sacerdote, tuve que ir a celebrar un bautizo a una parroquia que no conocía. Después del bautizo, el párroco, que había asistido a la ceremonia, me dijo: «Señor cura, he visto que usted derramaba el agua sobre el cráneo del niño; ¿no sabe que, si tiene mucho pelo, el agua no tocará la piel y el bautismo será inválido?». No supe qué responder, recordando todavía todos aquellos objetos que habían servido para el bautizo: la concha oxidada, los copos de algodón de aspecto dudoso y la sal (todavía se usaba) en un salero con tapa de agujeros, que me hizo pensar en aquellos cucuruchos de patatas fritas que nos vendían a los chavales de entonces después de salarlas abundantemente.

Los signos no hablaban o hablaban al revés. ¿Cómo funcionaron los símbolos de la vida, de la acogida, de la pertenencia a Cristo (Cristo = ungido)? Dios lo sabe. Pienso también en aquel sacerdote, en unos funerales, diciendo cosas admirables sobre la aspersión de la difunta, cuando todos los fieles sabían perfectamente que el acetre estaba vacío porque se había derramado el agua bendita...

No hablemos de los incensarios apagados, de las velas eléctricas o de las flores de papel... Habrá que hablar más todavía de la verdad de los signos.

5

El rito

Después de explorar las riquezas de la acción simbólica, toquemos ahora la noción de **rito** que está estrechamente relacionada con ella.

«Ritual» es una palabra que utilizamos familiarmente: «Cada vez que sale de la oficina, va a tomar ritualmente el aperitivo en el bar de la esquina». En el mismo sentido vulgar de la palabra «rito», comprendemos que hay ya una idea de hábito, de repetitividad.

En sentido estricto y en el contexto en que estamos, podemos definir el rito como una **acción simbólica** (o un conjunto de acciones simbólicas) **que se repite regularmente según unas formas prescritas** (tácita o explícitamente).

El hombre, un animal ritual

El rito no es exclusivo de la liturgia. De hecho, ya desde pequeños, podemos decir que nos han programado para desear los buenos días, para dar un beso, para portarnos bien en la mesa, etc. Apenas hay una asociación de personas, aparecen los ritos.

Negar la necesidad del rito, como a veces pretenden algunos en nombre del progreso, de la renovación, de la sinceridad, es negar una disposición profunda de la naturaleza humana. **El hombre es un animal ritual**. Recordad: la pareja que tiene sus pequeños ritos (secretos) para celebrar su amor, el grupo de jubilados que se reúne regularmente en el mismo lugar y cuya reunión se desarrolla según un ritual bien establecido, el movimiento político que ritualmente desfila el 14 de julio por la Bastilla con su fanfarria para hacer su ofrenda ritual. Hemos indicado que la acción simbólica permite a las personas o a los grupos reconocerse mutuamente en su identidad profunda. Entonces, es lógico que, cuando se ha encontrado una buena manera de simbolizar, se la quiera repetir. En la medida en que la realidad celebrada no ha cambiado y de que el grupo se reconoce en ella, ¿por qué hay que cambiar las formas, los ritos, de la celebración? Porque, como también hemos visto, el sentido está ligado a la forma.

El rito es una práctica social. Cuando quiero insertarme en un grupo, oigo que la voz del grupo me dice: «Así es como lo hacemos nosotros. Son éstas nuestras costumbres y todo el mundo está contento con ellas, todo el mundo se siente a gusto con ellas. Te invito a que obres como nosotros. Eres libre, pero si quieres ser de los nuestros, tendrás que observar nuestros ritos».

Entonces yo, que quiero entrar en esa comunidad (yo, el neófito, el catecúmeno, el postulante, el bizuth), acepto pasar por el rito, por aquel mismo rito por donde pasaron ya los ancianos del grupo. En una palabra, me dejo iniciar (del latín *initium* = comienzo, ir en).

La iniciación, esto es, la integración en el grupo por medio de una práctica simbólica, sólo es posible cuando ésta es ritualizada.

Una fuente de libertad

Como la palabra «hábitos» suele tener connotaciones peyorativas de rutina, de desgaste, de apolillamiento (y con bastante fundamento), y como la palabra rito y ritual evoca a primera vista una constricción, muchos desconfían de ellos.

Sin embargo, no es necesario pensar mucho para darse cuenta de que los hábitos rituales son indispensables. Afortunadamente, el ama de casa no tiene que preguntarse en cada ocasión si tiene que servir la carne antes que la sopa, o el pescado después del flan. Sin saberlo, observa un rito establecido y esto es para ella mucho mejor, ya que le deja libertad para hacer vivir ese rito tal como es, escogiendo armoniosamente su menú. Es una suerte que no tengamos que ponernos a pensar mucho sobre cómo hemos de saludar a una persona: el rito establece un «buenos días» o un apretón de manos; y esto me permite jugar con mi libertad de saludar con mayor o menor afecto, desde un «buenos días» más o menos distante hasta un caluroso apretón de manos, acompañado de una sonrisa. Es una suerte que no tengamos que reinventar la misa todos los domingos. Sería agotador e impracticable.

Tan sólo dentro de un ritual puede moverse nuestra libertad. El ritual es también una salvaguardia contra la **subjetividad**, el desorden y la anarquía. Sin él, la celebración moriría víctima de las «invenciones» de los osados, entregada en manos de quienes quieren hacerse notar. El ritual no impide el sentimiento y la afectividad, pero los canaliza, impi-

diendo que la celebración se hunda en el sentimentalismo, en lo afectivo, en el romanticismo. El «espontaneísmo» no es más que una ilusión. Más de un grupo informal ha llegado finalmente a darse cuenta de ello y, poco a poco, se ha impuesto un esquema ritual.

El tiempo de la apropiación

Es evidente que una acción simbólica no se comprende siempre de una forma inmediata. Se necesita algún **tiempo para apropiársela**. Fijaos en un cuadro, en un poema; hace falta tiempo para entrar en él, hay que contemplarlo, leerlo una y diez veces; se resiste. Lo mismo pasa con la liturgia; no es tan fácil penetrar enseguida en un gesto, en un canto, en una actitud. La repetitividad del gesto nos va permitiendo entrar cada vez un poco más en él, hasta hacerlo totalmente nuestro. Y como la riqueza del

21

símbolo es inagotable, siempre se encuentran en él sentidos nuevos (¿no nos ocurrirá eso con la eucaristía hasta el día de nuestra muerte?).

«La tradición que viene del Señor»

La noción de rito está además muy ligada con la idea de **tradición**. Tradición quiere decir transmisión. La mayor parte de nuestros ritos sociales son herencia del pasado; muchos se pierden en la noche de los tiempos (los fuegos de san Juan, el carnaval, el árbol de navidad, etc.) y siguen «funcionando» todavía.

A algunos les irrita la idea de tradición, como si el largo pasado de un rito fuera una tara. Tendrían razón, si mantener la tradición fuera sinónimo de esclerosis, de conservadurismo, en donde el rito ha dejado ya de estar al servicio del hombre. Yo distinguiría entre la tradición y las tradiciones. Me explico: todo grupo social se desarrolla, su cultura evoluciona, y por tanto evoluciona también su manera de vivir y de celebrar.

Los historiadores sociólogos establecen la siguiente distinción: un grupo establece ritos, instituciones (se dice entonces que está en período «institucional»); poco a poco, esos ritos y esas instituciones se estabilizan (es la fase de lo «instituido»). Pero como el grupo evoluciona, tiene que criticar también lo «instituido» y vuelve a hacerse «institucional». Y así sucesivamente. Eso mismo ocurriría con nuestros ritos. Es evidente que el cuerpo social de la iglesia no se libra de este fenómeno evolutivo. Recordad la historia de las grandes órdenes religiosas... Por eso, en la liturgia no podemos desechar eso que Pablo llama «la tradición recibida del Señor» (1 Cor 11, 23) a propósito de la eucaristía. No es posible cambiar ni el desarrollo de la misa en sus líneas generales, ni los grandes símbolos de la eucaristía o del bautismo, pues se trata de signos fundamentales de nuestra identidad cristiana. Pero en la liturgia hay además toda una serie de ritos secundarios y de prácticas que están más bien vinculadas a una cultura determinada (y que calificamos con el nombre de tradiciones).

Por eso hay que reajustar continuamente la liturgia. El Vaticano II atendió a este reajuste, a este «aggiornamento». Esta puesta al día siempre es necesaria y, si para muchos ha sido tan dolorosa, es porque se ha tardado demasiado tiempo en realizarla. Dicho esto, la iglesia no puede ni quiere tocar la tradición; puede modificar algún que otro rito accesorio, algún que otro detalle en la sucesión de los ritos, pero no puede tocar, por ejemplo, el desarrollo fundamental de la eucaristía, so pena de traicionar la intención de su fundador. La iglesia, y cada uno de los que actuamos la liturgia, debemos volver continuamente a las fuentes del Nuevo Testamento y de las primeras generaciones cristianas, todavía temporalmente cerca del Señor, no ya para reproducir en sus más pequeños detalles lo que se practicaba entonces (eso sería hacer arqueología, ya que vivían en otra cultura), sino para tener siempre presente en el espíritu la intención del maestro.

El ritualismo

Las cosas mejores pueden pervertirse. También el rito puede degradarse y convertirse en ritualismo. ¿Qué es el ritualismo?

Es cumplir el rito por el rito, olvidándose de aquello por lo que está hecho y sobre todo de aquellos para los que está hecho. «El sábado está hecho para el hombre y no el hombre para el sábado», dijo Jesús. En vez de ser fuente de libertad, el rito esclaviza. Puede aliarse con el legalismo y la «buena conciencia»: «He hecho todo lo necesario, tal y como había que hacerlo»; o, peor aún, con el fariseísmo: «¡Ay de vosotros, fariseos, que limpiáis el exterior de la copa y del plato (rito), cuando el interior está lleno de rapiñas e impurezas (significación de los ritos)» (Mt 23, 25). El ritualismo puede incluso llegar a la idolatría, si cumplir el rito es una manera de manipular a Dios.

El rubricismo

Sin llegar a estas perversiones, el cumplimiento de los ritos adolece más frecuentemente de un mal, venial de suyo, pero catastrófico para la vida de nuestras liturgias. Llamémosle «rubricismo», es decir, la observancia escrupulosa, pero superficial, de las rúbricas, esas pequeñas notas escritas en rojo que indican en los libros litúrgicos lo que hay que hacer y cómo hay que hacerlo.

La actitud rubricista consiste en ejecutar materialmente las prescripciones, sin comprometer en ellas, no ya la propia fe o la propia piedad, sino ni siquiera el cuerpo. ¿Me dicen que extienda los brazos? Extiendo los brazos, pero ése no es realmente mi gesto. Y el gesto pierde su significación. Por otra parte, se cumple el rito sin preocuparse de su intención (por ejemplo, decimos: «Oremos al Señor», y no se deja tiempo suficiente para rezar) ni tampoco de la asamblea a la que está destinado el rito.

La mentalidad rubricista sigue estando muy extendida. Esto se explica históricamente por la crispación de la iglesia ante la explosión de la Reforma en el siglo XVI. En este sistema se han formado la mayor parte de los sacerdotes y hasta de los laicos, que tampoco están exentos de rubricismo; en efecto, al salir de misa, no es raro oír algún comentario de reproche a propósito de algún pequeño cambio de detalle: «Eso no está en mi misal».

Para combatir esta mentalidad hay dos remedios: meterse en el interior del rito y conocer lo que la iglesia desea hacer al proponérnoslo. Los ritos, los gestos, las palabras, los objetos encontrarán entonces por sí mismos su cumplimiento más expresivo.

Siempre igual y siempre nuevo

¡Cuántas veces los padres han oído esta queja en labios de sus hijos adolescentes: «¡La misa! ¡Siempre igual!». Sí, **siempre igual**, como ocurre con los ¡buenos días! de cada mañana, con la fiesta de cumpleaños, con el apretón de manos entre amigos... Y sin embargo, **siempre nuevo**. Siempre nuevo, porque las personas son diferentes o han evolucionado, porque ha cambiado la historia en la que se inscriben esos gestos.

Pero siempre nuevo además (a no ser que el rito haya quedado clavado en el ritualismo) porque, dentro del esquema ritual que se respeta, se ha demostrado cierta imaginación; por ejemplo, para el cumpleaños, el menú será diferente, habrá otros invitados y sobre todo el regalo será distinto del de otros años. Ordinariamente, todos se las ingenian para «buscar la sorpresa», aunque respetando el programa ritual. ¿Por qué?

El desgaste de los ritos

Las páginas precedentes nos han mostrado el porqué del rito. Pero el rito, además de las desviaciones del ritualismo y del rubricismo, se ve simplemente **amenazado de desgaste**. En la vida corriente, por ejemplo, ¡cuántos saludos rutinarios! En la liturgia, ¡cuántos gestos puramente mecánicos!: la señal de la cruz (véase p. 100), el hecho de levantarse o sentarse... No es raro que los fieles se sienten inmediatamente después del amén de la absolución, confundiéndolo con el de la oración inicial. Los ejemplos abundan; no hay que extrañarse de ello: es humano. Pero siempre hay que intentar luchar contra este desgaste amenazador. ¿Cómo? ¿Rompiendo el rito? ¡Desde luego que no!

Ante todo, hay que vivirlo desde dentro.

Despertar la significación

En segundo lugar, modificando muy ligeramente los hábitos rituales, de manera que se cree un contraste con la práctica ordinaria. El **contraste** renueva la atención y **despierta la significación**. Renueva la atención; por ejemplo: vais a leer estas páginas y he aquí que vuestros ojos caen sobre un recuadro o sobre una ilustración; entonces vuestra atención, que quizás estaba un poco dormida (cosa que al autor no le gustaría), se espabila y despierta.

El contraste despierta la atención; encontraréis muchas sugerencias en este sentido leyendo las páginas sobre la eucaristía, pero he aquí una más: estamos acostumbrados a los ritos de la consagración, y sobre todo las inclinaciones corren el peligro de ser automáticas; el domingo que se celebra más especialmente la presencia del Señor, se inciensa el cuerpo y la sangre de Cristo, o se invita al pueblo a hacer una inclinación más larga que de ordinario. No se suprime el rito, pero se modifica ligeramente la manera de hacerlo y esto puede influir en los demás domingos en que el rito se ejecuta de forma ordinaria.

En otras palabras: el rito es como un cañamazo sobre el que hay que bordar cada vez una figura, como esos esquemas de relato de los que encontramos en la biblia varias versiones o del esquema kerigmático del que hallamos múltiples variaciones (léase a este propósito Etienne Charpentier, *Para leer el Nuevo Testamento*, 34)

Pero antes hay que conocer bien el cañamazo.

6

El Vaticano II, una revolución

Después de ver lo que es la celebración y antes de hablar de la celebración cristiana, es conveniente hablar de la reforma litúrgica del concilio Vaticano II. Todos conocemos el inmenso trabajo que realizó, así como las discusiones y oposiciones que provocó.

La liturgia quedó desempolvada, simplificada, desembarazada de unos ritos que se habían vuelto incomprensibles, por haber nacido de otra cultura llena de ampulosidades (tan sólo en el canon el sacerdote tenía que trazar nada menos que 28 signos de la cruz). Un trabajo de limpieza acompañado, es preciso subrayarlo, de una vuelta a las fuentes: una teología de la asamblea, la importancia de la liturgia de la palabra, la restauración de ritos fundamentales como la oración de los fieles, etc. Añadamos a ello la restauración de la lengua del pueblo, cargada de consecuencias (véase c. 15).

Una revolución de mentalidad

Todo esto es el aspecto inmediato y tangible de la reforma. Y la gran masa de los católicos se ha alegrado de ello. Ha corrido mucha tinta sobre el asunto. Sin embargo, no es éste, desde luego, el cambio más revolucionario. No se ha percibido muchas veces que **el cambio era mucho más profundo que una modificación de los ritos**.

Antes del Vaticano II, el ideal del liturgista era cumplir con toda escrupulosidad las «ceremonias» que detallaban los libros oficiales. Por otra parte, éstos no eran más que una descripción minuciosa de lo que había que hacer.

Basta con abrir los libros litúrgicos (los «rituales») del Vaticano II —sobre todo los más recientes, como el de la penitencia— para ver este cambio; inmediatamente saltan a los ojos dos modificaciones esenciales:

1. No contentos con decir lo que hay que hacer, señalan por qué se hace (lo que llamaríamos el sentido o la función del rito).

2. Muchos de los ritos dejan a los actores cierta libertad de opción; con frecuencia, la libertad de decisión se deja en manos de las conferencias episcopales.

Primera constatación: el responsable o los responsables de la liturgia no pueden acudir en el último minuto a la sacristía, para emprender la función litúrgica (eso sí, con la cabeza piadosamente inclinada) lo mismo que si se emprendiera un paseo en moto. Según el Vaticano II, **la celebración supone unas opciones pastorales e impone por tanto una preparación**.

Segunda constatación: el conocimiento de la liturgia no puede ya ser exterior o «material». **No basta ya con conocer la letra; hay que conocer también el espíritu.**

El sentido de la tarea litúrgica actual

Para hacer comprender el giro que se ha dado en la concepción de los ritos, haremos un esquema sobre la evolución abierta por el Vaticano II.

Dos observaciones: 1. Al describir la primera etapa, o sea, la situación anterior al concilio, no se trata de juzgar la fe ni la inteligencia de nuestros predecesores; ellos no eran menos creyentes ni menos avispados que nosotros, pero vivían en otro sistema. 2. Describimos estas etapas como si se hubieran realizado en todas partes al mismo tiempo; de hecho, hay comunidades celebrantes que se encuentran aún en la segunda e incluso en la primera etapa.

Para ilustrar estas etapas, pondremos el ejemplo de un rito, el del *Aleluya* (esquema n. 1).

Primera etapa: Antes del Vaticano II, el sacerdote (o el cantor) veía en su misal «Aleluya» (+ su versículo); y ejecutaba el rito sin plantearse cuestiones. En la misa mayor se cantaba el aleluya; en las demás se rezaba. No se preocupaban de su significación.

Segunda etapa: La posibilidad y el deseo de celebrar en la lengua del país lleva a la creación de un repertorio y por tanto a una reflexión sobre lo que pretende el rito: en este caso, aclamar (su función). Para esto se examina el repertorio antiguo. Evidentemente, no se traduce la palabra «Aleluya», pero se traduce el versículo que la acompaña. Entonces se descubre que «¡Aleluya! ¡Cristo ha resucitado!» exige el canto para ser una aclamación. Pero como todavía están apega-

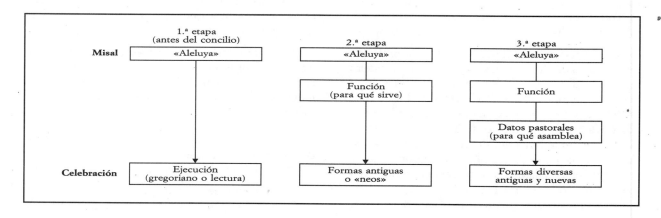

dos a los modelos antiguos, los copian, hacen un «neo-gregoriano», un «neo-clásico», etc. En algunos casos se sigue utilizando el gregoriano, al menos para el Aleluya. Es ya un progreso enorme, puesto que el rito tiene oportunidades de resultar significativo.

Tercera etapa: Pronto se vio que había que hacer intervenir un segundo elemento; se trata del dato pastoral. El Aleluya es una aclamación. Por tanto, la iglesia nos invita a aclamar la palabra de Dios. Pero entonces, ¿quién celebra?, ¿qué asamblea celebra?, ¿cuál es su cultura, su sensibilidad, sus gustos, sus medios (cantores e instrumentos)?, etc.

Partiendo de este doble dato, el dato ritual y el dato pastoral, el responsable escoge la forma más adecuada; por ejemplo (esquematizando), no se usarán las mismas formas musicales para una asamblea de contemplativos (¿gregoriano?), para una asamblea de jóvenes (¿música «rítmica»?), para niños (¿aleluya + aplausos o brazos levantados?), para una asamblea que dispone de una coral clásica o de un organista (en este sentido, para un rito muy parecido como es el de la aclamación que sigue al intercambio de consentimientos en el matrimonio, cuando la asamblea no canta, le pido al organista que toque una aclamación, una especie de alegría musical).

El itinerario del trabajo litúrgico puede resumirse en este esquema:

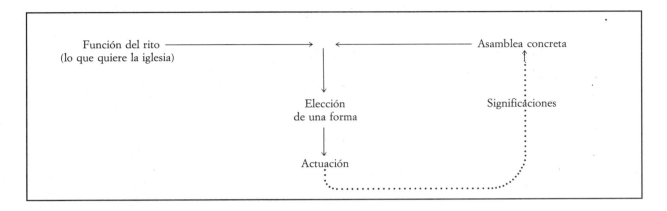

¿Por qué la significación se ha puesto en punteado? Porque, como hemos visto, no podemos dominar los efectos del símbolo. Lo único que podemos hacer es suponerlo, pero no garantizarlo. El trabajo litúrgico tiene que aceptar con humildad esta limitación.

Una reforma todavía por hacer

A pesar de todas las buenas intenciones y de la gran generosidad que se ha puesto en el servicio de nuestras asambleas, hay que reconocer que esta reforma de mentalidad frente al rito está aún muy lejos de haberse generalizado. Pero evitemos el pesimismo . Veinte años son pocos en la evolución, sobre todo cuando la mayor parte de los responsables litúrgicos actuales (sacerdotes, directores de coral, músicos, etc.) se han formado (¿etiquetado?) en otra concepción de la liturgia.

Además, el giro de mentalidad es más difícil de conseguir en un terreno en el que el obrar es más decisivo que el pensar; muchos de los que entran de buena gana en la nueva perspectiva se dejan arrastrar sin embargo por el peso de la rutina.

Se necesita mucho tiempo, mucha paciencia, pero una paciencia activa.

Los ritos de la liturgia católica romana están regidos por la *Congregación de ritos* (un ministerio romano), pero a las conferencias episcopales se les deja amplio espacio para promover las adaptaciones pastorales necesarias a la cultura de sus respectivos países. En España, el Secretariado nacional de liturgia (Añastro, 1-28033. Madrid) es de algún modo el órgano de transmisión de la Conferencia episcopal (documentos, rituales, traducciones, promoción de los medios de formación, etc.). Además, cada obispo está asistido por una **Comisión diocesana de pastoral litúrgica y sacramental**. Con frecuencia, las diócesis tienen también un responsable de música litúrgica, que forma parte de la comisión diocesana de pastoral litúrgica.

II
LA LITURGIA
CRISTIANA

Dios pacta su alianza...

7

Cuando Dios ofrece signos

La antigua alianza

Creemos que todo hombre de buena voluntad es capaz de descubrir las huellas de Dios, bien a través de los esplendores de la creación, o bien en la meditación sobre el sentido de la existencia humana. Dios ofrece siempre signos al hombre «que lo busca con sincero corazón», según la expresión de una plegaria eucarística.

Dios tiene siempre la iniciativa, aunque el hombre religioso no siempre pueda reconocerlo. La iniciativa de Dios, tal como nos la transmite la biblia, tiene de original el hecho de que, no contento con manifestarse al hombre, **Dios escoge a un pueblo, Israel**. En la **primera alianza**, Dios establece una asociación de la que podría decirse que él es a la vez el presidente-fundador y el aliado. Así se abre paso también aquella verdad de que el vínculo con Dios va a la par con una vinculación entre los hombres. Es verdad que el descubrimiento de una relación personal con Dios no deja de progresar a lo largo de todo el Antiguo Testamento, pero esta relación se vive siempre dentro de una comunión de fe, de amor y de esperanza.

Dios escoge a un pueblo (Abrahán), lo salva y lo reúne (Moisés) y establece una alianza con él (en el Sinaí); se compromete con él («Vosotros seréis mi pueblo y yo seré vuestro Dios»), y en retorno el pueblo se compromete a practicar su ley, «siendo el segundo mandamiento parecido al primero». Dios se liga a una historia humana, a una historia larga que prosigue hasta hoy.

El eterno se desposa con el tiempo, con toda su lentitud y sus peripecias. Por eso **la alianza tiene que re-novarse, re-presentarse continuamente**. Esta es la razón de ser del culto en el templo, pero sobre todo de aquellas grandes asambleas que aquí no podemos relatar, pero que el lector repasará con provecho: la del Sinaí (Ex 19, 24 y 34), la de Siquén (Jos 24), la de la vuelta del destierro (Neh 8, 9: el lector la encontrará fácilmente en su misal el domingo 3 del tiempo ordinario del ciclo C).

La nueva alianza:
Jesús, nuevo Israel

Cuando se cumplieron los tiempos, Dios se compromete hasta el máximo en su alianza enviándonos a su Hijo. Jesús no es un sacerdote en el sentido funcional de la palabra; no es un «liturgo» (se contentará con celebrar la liturgia como cualquier judío piadoso), pero la carta a los hebreos lo llama el **sumo sacerdote** perfecto. **Para celebrar la alianza nueva, no tiene necesidad de ritos ni de sacrificios rituales** (cuando crea la eucaristía, es para nosotros). Nuevo Israel, reúne en sí mismo al pueblo de Dios; nuevo Adán, él es toda la humanidad. Al mismo tiempo, es revelación, palabra viva de Dios. **Y su sacrificio es la adhesión perfecta y total a la voluntad del Padre**. Y para sellar la alianza, no tiene otro don más que a sí mismo en la ofrenda sobre la cruz.

Jesús no es el alpinista que realiza su escalada en solitario. Conscientemente, se presenta como la vid (imagen clásica de Israel) de la que somos nosotros los sarmientos, como la piedra angular del templo nuevo del que somos nosotros las piedras vivas, como el guía del rebaño del que somos nosotros las ovejas. Jesús se presenta como el agrupador universal y ésa fue su preocupación esencial durante los años de su ministerio. Reúne a las multitudes para enseñarles y mostrarles, a través de sus gestos, el cariño de Dios. Y sobre todo forma el grupo de los doce, embrión de la futura iglesia.

Después de su resurrección, es curioso constatar cómo Jesús se aparece a los apóstoles reunidos, el primer día de la semana (una asamblea dominical).

Siempre es éste el mismo proceso divino: antiguamente, Dios quiso revelarse a un pueblo, y esta vez es en iglesia como es posible descubrir al resucitado. Y también es a los doce reunidos el día de pentecostés a los que el resucitado envía su Espíritu, de donde nace la iglesia, cuya vocación es la de reunir a todas las naciones.

La iglesia, nuevo pueblo de Dios

Ahora el resucitado no está ligado a un territorio palestino, ni a un tiempo concreto de la historia de los hombres. El Nuevo Israel extiende sus límites a la humanidad entera. **El nuevo pueblo de Dios es la iglesia, cuerpo de Cristo**, extendido a través del tiempo y del espacio, cuerpo llamado a crecer a lo largo de la historia hasta el día en que el hijo del hombre vuelva a reunir a todos los hombres de toda nación, de toda lengua y de toda cultura.

La misión de la iglesia es precisamente reunir a todos los hombres; tiene que ser fiel a la palabra del maestro y al mismo tiempo tiene que «enseñar a todas las naciones», para que los hombres respondan a la alianza universal, «para que el mundo crea» y se salve; como Jesús y con él, la iglesia debe renovar la alianza siendo como él «cuerpo entregado y sangre derramada» y haciendo que toda la humanidad se eleve hacia Dios.

Esta es la tarea de la iglesia: **en memoria de Jesús, proseguir ese culto** que, ya bajo la influencia de la corriente profética en el Antiguo Testamento, no dejó de espiritualizarse hasta ser, con Jesús, el **culto «en espíritu y en verdad»**.

Pero la iglesia, totalmente humana, tenía también necesidad de un culto litúrgico. Como toda asociación humana, siente la **necesidad vital de reunirse para celebrar**. De este modo, el famoso «Haced esto en memoria mía» puede designar el culto espiritual cotidiano que realiza la iglesia cuando evangeliza, cuando enseña y cuando da su vida, o designar al mismo tiempo la celebración de lo que ella vive o intenta vivir en Cristo día tras día.

Un esquema fundamental

Esta breve ojeada sobre la historia de la alianza pone de relieve un esquema fundamental, que tiene siempre como punto de partida la idea de agrupación, de convocatoria, de asamblea. Si así lo desea, el lector puede repasar, además de los pasajes del Antiguo Testamento ya citados, varios textos del Nuevo Testamento en los que muchos exégetas se complacen en ver una estructura litúrgica: entre otros, la multiplicación de los panes (Mt 14, 13s), el relato de Emaús (Lc 24, 13s), el relato de pentecostés (Hch 2, 1s), la carta a los hebreos (12, 18-29).

El proyecto de Dios comienza siempre por una reagrupación. De ahí la importancia primordial del signo de la asamblea en nuestras celebraciones.

Y esta asamblea celebra siempre el acontecimiento de la alianza a través de un intercambio de palabras y de acciones simbólicas.

No es una pequeña oportunidad la que se le ha ofrecido a nuestra iglesia la de haber vuelto a descubrir el sacerdocio de los bautizados.

Por eso, para comprender la liturgia, empezaremos por deternernos despacio en otro descubrimiento, ligado al primero y consagrado por el Vaticano II, a saber, la asamblea, el primer signo litúrgico, el signo original, el que implica todos los demás. Este descubrimiento está aún lejos de haber sido bien asimilado; todavía tendremos la ocasión de subrayar la urgencia del cambio de mentalidad que lleva consigo.

8

Iglesia y asamblea

No hace mucho tiempo que, en el lenguaje litúrgico, ha encontrado su puesto el término de asamblea. Durante muchos siglos, y todavía hoy, se ha hablado de «la asistencia» de los fieles. Los ambientes cristianos tienen, como todos los grupos sociales, su propia jerga y sus propias maneras de hablar. Pero aquí no se trata de una palabra «que se lleva el viento»: el descubrimiento del término bíblico y tradicional de asamblea traduce el descubrimiento de una realidad de la fe cristiana.

Un poco de vocabulario

En el Antiguo Testamento, el pueblo se reúne para renovar la alianza; esta reunión se llama en hebreo *Qahal Yahvé*, en español: «la asamblea del Señor». Pero la palabra *Qahal*, a diferencia de nuestra palabra asamblea, encierra una idea de con-vocatoria.

Los israelitas tienen conciencia de que no forman la asamblea por su propio impulso, sino más bien por una iniciativa de Dios que convoca, que reúne. Por eso, cuando se tradujo la biblia al griego (versión de los Setenta), *Qahal* fue traducido naturalmente por «ekklesía» (del griego «llamar desde»), que pasó luego al latín «ecclesia» y al español **«iglesia»**.

Los Hechos de los apóstoles describen a las primeras comunidades como reuniéndose «en un mismo lugar» y formando «un solo corazón y una sola alma». Al mismo tiempo, es muy significativo que, a través del Nuevo Testamento, el término «ecclesia» se recoge en las expresiones «iglesia de Cristo», «iglesia de Dios» o «iglesia del Señor».

Para nuestros contemporáneos, la palabra iglesia designa tanto a la iglesia universal como, desgraciadamente, sólo a su parte jerárquica y clerical. Pues bien, para los primeros cristianos está claro que la palabra designa a la iglesia local; así, el libro del Apocalipsis se dirige a «las siete iglesias» de Asia. Menos mal que actualmente se ha recobrado este sentido y que, sin rechazar el uso clásico de designar a toda la iglesia, se habla no solamente de la iglesia de España, sino también de «la iglesia que está en X».

En resumen, conviene que nos quedemos con el vínculo estrecho que une al término **iglesia** con el término **asamblea**, tan estrecho que casi se puede hablar de sinonimia.

Sin embargo, el uso actual establece una ligera distinción entre iglesia y asamblea. Iglesia designaría más bien el grupo local de los cristianos, o el cuerpo social de los cristianos dispersos por el mundo.

Y sin embargo la asamblea designaría más bien habitualmente la reunión de los cristianos en un lugar determinado y en un tiempo concreto (habría que añadir aquí un tercer término, el de domingo; más tarde hablaremos de la relación entre estas tres realidades).

La asamblea, rostro de la iglesia

¿Qué rostro tendría la iglesia sin la asamblea? ¿Una organización mundial como la UNESCO? ¿Un «chisme», como decía De Gaulle de la ONU? ¿Una especie de masonería invisible, pero metida por todas partes? Es verdad que la iglesia se manifiesta por medio de mil signos: una declaración de un episcopado nacional, un viaje del papa, la prensa católica, cáritas parroquial o nacional, un concilio, etc... Pero es la **asamblea regular** (parroquial o de otro tipo) la que **da a la iglesia su rostro cercano y familiar**. No seamos ingenuos; no basta con tener asambleas litúrgicas de gran calidad para que la gente se precipite hacia ellas. La situación es demasiado compleja, ya que el trabajo prioritario de la iglesia y de cada cristiano es dar testimonio de Jesucristo y anunciar su buena nueva.

Pero, ¿de qué sirve esto si, a través de sus asambleas, la iglesia (local y universal) muestra tan sólo un gesto duro? A veces da pena ver salir a la gente de misa con el semblante tan serio, participar en misas cuya finalidad parece ser la de hacer una colecta, acudir a una iglesia en donde los fieles parecen estar jugando a las cuatro esquinas, contemplar gestos u objetos que parecen ridículos, escuchar palabras situadas a varios años-luz de la vida real de la gente. Sí, ¿para qué evangelizar si la iglesia (o la iglesia-edificio, que a veces es por el estilo) ofrece pocas ganas de entrar en ella? Por el contrario, a veces da gusto oír a alguien atestiguar que, después de haber acudido, por casualidad o por razones extrañas a la fe, a tal celebración en tal sitio, aquello le ayudó a ponerse en camino. La asamblea litúrgica da un testimonio o un anti-testimonio de la iglesia y de la fe.

El rostro de la iglesia para el propio cristiano

¿Qué sería la iglesia para el propio cristiano si no existieran las asambleas regulares? Asambleas en las que no sólo puede alimentarse de la palabra y de la vida de Dios, sino también en las que percibe los más pequeños estremecimientos de ese cuerpo del que es miembro, en el que puede informarse de la misión apostólica a la que está llamado a ofrecer su ayuda personal e insustituible.

Ya sé que muchos de nuestros contemporáneos se afirman sinceramente creyentes, a pesar de que confiesan una participación muy episódica en las asambleas. Nadie puede juzgar de la fe de los demás, pero ¿qué pensar de uno que pretendiera pertenecer a una asociación cualquiera, sin participar jamás de sus reuniones ni de sus fiestas? Todo lo más, sería de los que suelen llamarse «simpatizantes»...

Y la cuestión que aquí se plantea es la siguiente: hay en España muchos de esos «simpatizantes» de la fe. ¿No será, entre otras cosas, porque no les gustan las asambleas rutinarias, conformistas y estereotipadas? ¡Cuántos padres dicen: «Nos vemos obligados a ir a aquella parroquia por causa de nuestros chicos. En otro sitio no les gusta ni siquiera que les hablen de ir a misa...»!

¡Rostros de asambleas, rostros de iglesia! Y la responsabilidad no les cabe solamente a los sacerdotes o a los animadores litúrgicos; todos, sean lo que sean, aportan a ese rostro una sonrisa o un ceño adusto. Volveremos sobre ello en el c. 11.

En la reflexión que hemos hecho nos hemos quedado en un nivel muy humano de la importancia de la asamblea, casi podríamos decir que en su nivel público o publicitario. Pero el cristiano tiene que ir más lejos y recordar que la asamblea es un misterio de fe. Es lo que expondrá el siguiente capítulo.

Los cristianos, gente que se reúne

No es una casualidad que se haya vuelto a descubrir en nuestro tiempo esta dimensión esencial de la vida de la iglesia, que es la asamblea.

La primitiva iglesia define a los cristianos como gente que se reúne (recordar en este sentido dos pasajes de los Hechos de los apóstoles sobre los primeros cristianos, en los c. 2 y 4). El pagano Plinio el Joven señala también la importancia de este hecho en su carta al emperador Trajano. Se puede observar además que el término «asamblea» es una de las designaciones más corrientes en el Nuevo Testamento para designar lo que hoy llamamos misa.

Cuando la sociedad civil y la sociedad eclesial llegaron a coincidir —lo que definimos por el término «cristiandad»—, la participación en la asamblea no fue ya lógicamente un índice de identidad cristiana (aunque no todos «practicasen» regularmente). El mismo término «asamblea» cayó en desuso.

Paralelamente, el término «iglesia» dejó de designar al pueblo de Dios, para indicar tan sólo su estructura jerárquica; un lenguaje que no ha muerto, ni mucho menos. Finalmente, en el terreno litúrgico, el culto pasó a ser patrimonio de los clérigos.

Pero se nos han abierto los ojos. La cristiandad ha muerto y el cristianismo es minoritario (aunque muchos de nuestros compatriotas se sigan diciendo «católicos»). No es extraño que este duro despertar vaya acompañado del descubrimiento de esos misterios que evocan ciertas expresiones como pueblo de Dios, sacerdocio de los bautizados y asamblea. Por otra parte, aunque esto no lo diga todo, para nuestros contemporáneos el cristiano (que es distinto del «católico» en el lenguaje) es el que «va a misa». Y a los periodistas les gusta hacer estadísticas en este terreno. Sea lo que fuere de la ambigüedad o de la estrechez de este criterio, el hecho está ahí y da que pensar.

Asambleas dominicales sin sacerdote

En muchas diócesis de otras naciones que carecen de sacerdotes, se celebran asambleas dominicales sin sacerdote. Se basan en la necesidad vital que tiene una comunidad local de celebrar, reunida en el lugar donde vive, el día del Señor, tanto si hay posibilidad de tener la eucaristía como si no la hay.

Hace tiempo, cuando no había sacerdotes en el lugar que asegurasen este servicio, se acudía a otros (por ejemplo, a sacerdotes profesores o a los de otras diócesis cercanas más abundantes en clero). El inconveniente era que, siendo extraños a la vida de la iglesia local, la celebración corría el peligro de estar desconectada de la vida. En un segundo tiempo, se intentó agrupar a los cristianos en una parroquia central, la del municipio; pero pronto se vio que la falta de reunión en la iglesia de la aldea podía acabar con su vida eclesial.

Por eso, en un tercer tiempo, después del concilio, se establecieron las asambleas dominicales sin sacerdote, en donde la base social (humana y cristiana) era lo suficientemente sólida para que la experiencia fuera viable; el sacerdote del sector acudía sólo algunos domingos para presidir una eucaristía.

Esta práctica encuentra su legitimidad en la liturgia, en el vínculo asamblea-domingo-iglesia, y en la historia: ¿no es así como viven las iglesias africanas desde su fundación?

Sin embargo, no debería ser una solución fácil ante el problema del ministerio presbiterial y la negación de lo que algunos teólogos llaman «el derecho de los cristianos a la eucaristía».

Estas asambleas se desarrollan según el siguiente esquema: rito de apertura, liturgia de la palabra, acción de gracias, seguida de un gesto que de hecho es muchas veces la comunión (Véanse los recuadros de los capítulos sobre los ritos de la misa...).

9

La asamblea, signo de la fe

Es conocida la exhortación de san Pablo a sus corintios a propósito de la eucaristía: *«Discernid el cuerpo del Señor»*, les dice, evocando así no sólo el pan eucarístico, sino también la asamblea de los cristianos de Corinto.

En el siglo III, un documento destinado a los obispos (la Didascalia de los apóstoles) hace esta recomendación: *«Exhortarás al pueblo a que sea fiel en las reuniones. Que nadie disminuya la iglesia no acudiendo a ellas, para que no disminuya en un solo miembro el cuerpo de Cristo».*

Diecisiete siglos más tarde, el concilio Vaticano II (*Eucharistiae mysterium*, n. 7 y 9) afirma:

"La iglesia de Cristo está verdaderamente presente en todas las asambleas locales de los fieles, reunidas legítimamente en torno a sus pastores y que el mismo Nuevo Testamento llama «iglesias». En efecto, donde se tienen estas asambleas, allí se encuentra el pueblo nuevo, llamado por Dios en el Espíritu Santo y con una plena seguridad (cf. 1 Tes 1, 5)... En estas asambleas, aunque sean pequeñas y pobres o vivan en la dispersión, está presente Jesucristo, en cuyo poder se reúne la iglesia una, santa, católica y apostólica (LG 26)... El está siempre presente en la asamblea de sus fieles reunidos en su nombre".

El creyente está así llamado a ver en la asamblea algo más que lo que ésta parece a primera vista. Como hemos dicho en el capítulo anterior, la asamblea no es sólo uno de los rostros de la iglesia visible, sino que además, a los ojos de la fe, es **signo de una realidad superior e invisible**, la iglesia de Cristo, la iglesia invisible que reúne a través del tiempo y del espacio a miembros que nosotros no vemos, que están al lado de Dios, los santos, o que caminan por la tierra buscando a Dios con rectitud; la iglesia que celebramos el día de Todos los Santos; la iglesia que puede identificarse con el reino de Dios, «el cumplimiento total de Cristo, a quien Dios colma completamente con su plenitud» (Ef 1, 23); ese cuerpo «en construcción, al final de la cual llegaremos todos juntos a la unidad en la fe y al verdadero conocimiento del Hijo de Dios, al estado de hombre perfecto, a la plenitud de la estatura de Cristo» (Ef 4, 13).

De esta forma, **cualquier asamblea cristiana, numerosa o restringida, rica o pobre en medios, es la manifestación del cuerpo de Cristo en un tiempo y un lugar determinado.** La constitución *Lumen gentium* no vacila en afirmar que la asamblea «es, en Cristo, de alguna manera, el **sacramento**» de la iglesia, «es decir, a la vez el **signo y el medio** de la unión íntima con Dios y de la unidad de todo el género humano».

De hecho, un sacramento es un signo que explica una realidad invisible y al mismo tiempo produce esa realidad invisible. En él reconocemos la acción misma del salvador. Así, es el Señor el que nos reúne, y el hecho de estar reunidos significa la iglesia y la construye. **Nuestras asambleas concurren a constituir la iglesia de Cristo**.

Pero todavía queda por verificar la validez del signo: ¿de verdad esta asamblea, hoy, es realmente signo de iglesia? Lo mismo que, para los siete sacramentos, muchas veces nos contentamos con cumplir los ritos únicamente en su materialidad mínima sin intentar hacerlos significantes, también aquí corremos el riesgo de atribuir el nombre de sacramento a una reunión **in-significante**.

Una reunión significante

Para ser signo de iglesia, para ser de verdad una asamblea, la reunión litúrgica tiene que tener estas **características**:

—**estar abierta a todos** sin distinción, para significar la reunión universal;

—estar basada en la fe y no tener más finalidad que la de celebrar la **alianza** de Jesucristo;

—sentirse **convocado** para ser luego enviado a la misión;

—ser **fraternal**;

—tener conciencia de ser un pueblo **escogido**, un pueblo «santo», es decir, un pueblo «aparte», un pueblo de salvados;

—celebrar en el gozo y la **esperanza**.

Si una asamblea tiene estas cualidades, entonces puede verdaderamente significar el reino que ha de venir, pero que ya ha comenzado, al que Dios convoca, en Jesucristo, a todos los hombres, más allá de las vicisitudes de nuestra historia personal y colectiva, más allá del sufrimiento y de la muerte.

Es el programa que describe Lucas en los Hechos de los apóstoles, en los c. 2 y 4 ya citados. Un bonito programa del que sabemos que, ya en tiempos de Pablo, estaba aún lejos de estar perfectamente realizado y que, si nos fijamos en nuestras asambleas, sigue siendo un ideal.

Hay aquí una contradicción o, mejor dicho, una tensión muy profunda y que vamos a desarrollar.

10

Una asamblea bajo tensión

La asamblea litúrgica tiene de original el hecho de caracterizarse por una serie de cualidades antinómicas entre sí (véase cuadro de la p. 40).

Pecadores perdonados

La primera de estas antinomias salta a la vista: de la carta primera de Pedro (1 Pe 2, 9), un prefacio ha recogido estas palabras: «En adelante llevamos estos nombres gloriosos: nación santa, pueblo redimido, raza escogida, sacerdocio real». ¡Qué pretensión y qué hipocresía sería esta afirmación si, al mismo tiempo, la liturgia no nos recordara continuamente que somos un pueblo de pecadores, un pueblo «de dura cerviz y lento para convertirse».

Unidos en la diversidad

Por nuestra condición humana, nuestras asambleas son forzosamente limitadas, pero al mismo tiempo apelan a la reunión de todos los hombres sin distinción alguna. Las asambleas del tiempo de Pablo tenían la misma diversidad de hoy; sin embargo, el apóstol afirma: *«Ya no hay judío ni griego; ya no hay esclavo ni hombre libre; ya no hay hombre ni mujer; porque todos vosotros sois tan sólo uno en Jesucristo»* (Gál 3, 28). Excepto algunos casos particulares (véase p. 43), la asamblea cristiana está, por definición, abierta, incluso al cristiano de paso, y desea ser **pluralista** (la palabra «liturgia», sacada de los cultos paganos, significa «servicio público»): pluralismo de culturas y de edades, de orígenes sociales, de sensibilidades religiosas y de opciones políticas, etc. En una palabra, como cualquier pueblo, el pueblo de Dios es diverso y polifacético. Normalmente, la asamblea debería parecerse mucho en su perfil a la sociedad de donde ha salido; sabemos que, en nuestros países, no sucede desgraciadamente así y que, entre otras, la clase obrera está muchas veces casi ausente. La causa de este desafecto debe buscarse en la historia de la iglesia más bien que en la liturgia. Pero esto no impide que este desgarrón tenga que sentirse continuamente y, cuando sea oportuno, recordarse en nuestras asambleas.

De esta forma, la asamblea, dentro de la riqueza de su diversidad, intenta estar unida «en un solo corazón y una sola alma».

Pero hemos de ir más lejos todavía, ya que el pluralismo de la asamblea afecta a su misma fe.

39

Desviaciones		Tensiones		Desviaciones
moralismo *culpabilismo*	Pecadores	... perdonados «nación santa»	*iglesia de puros* *fariseísmo*
división	Diversidad	Unidad	*unanimismo «fusional»* *uniformidad*
deterioro de la fe cada uno se hace su religión	Mal - creyentes	Creyentes (Fe de la iglesia)	*elitismo*
activismo	Dispersión	Reunión	*sectarismo*
acción ideológica	(misión)	(celebración)	
pesimismo *desilusión*	Prueba	Fiesta	*iluminismo* *evasión, opio*
sectarismo	Asamblea limitada	Asamblea abierta	*anonimato «self-service»*

«Brecha»
por la que Dios puede obrar

«Creo, Señor, pero aumenta mi fe»

Para participar en la asamblea cristiana se necesita la fe. Si no, ¿qué sentido tendría la asamblea y sobre todo qué sentido tendrían los signos que ésta quiere realizar?

Pero ¿qué fe? Cuando pronunciamos el símbolo de Nicea-Constantinopla o el de los apóstoles, podemos decirlo con toda verdad, pero al mismo tiempo, por detrás de las palabras, ¡qué diversidad en la manera de creer, e incluso qué diversidad en los grados de fe! Es lógico, ya que cuando voy a la celebración, no voy sólo para celebrar y afirmar mi fe con toda la iglesia, sino también para alimentarla al contacto con la palabra y con mis hermanos. «Creo, Señor, pero aumenta mi fe».

Los creyentes somos un pueblo que camina; algunos marchan a buen paso y están ya muy adelantados (¿quiénes?; no lo sé; ¡Dios lo sabe!); hay otros que van arrastrando los pies, bien porque los ha herido la vida o porque no les han enseñado a caminar bien; hay quienes caminan con entusiasmo y quienes van renqueando; están los que vuelan y los que vacilan. Un pueblo que camina, pueblo solidario en la gracia como en el pecado, en la creencia como en la «poca creencia».

Reunidos..., dispersos

Hoy sobre todo, los cristianos viven **dispersos** (en *diáspora*, por recoger el término clásico). He aquí que **se reúnen**, que se separan del mundo (pueblo escogido, pueblo aparte), no para quedarse todos juntos al abrigo («Señor, ¡qué bien se está aquí!; hagamos tres tiendas»), sino para ser enviados al mundo: «¡Podéis ir en paz!»; ¡id, enseñad, dad testimonio!... ¡corred el riesgo y enfrentaos con el peligro! «No sois del mundo, pero yo os envío al mundo».

Evangelización-celebración-evangelización: tal es el movimiento que pone ritmo al corazón de la iglesia: diástole, sístole... La evangelización se distingue de la vida litúrgica, pero no se opone a ella, hasta el punto de que Pablo, al hablar de su misión apostólica, puede utilizar un lenguaje litúrgico: *«Dios me ha concedido ser un oficiante (liturgo) de Jesucristo entre los paganos, consagrado (sacerdote) del evangelio de Dios, para que los paganos lleguen a ser una ofrenda que, santificada por el Espíritu, sea agradable a Dios»* (Rom 15, 19).

Un pueblo en fiesta

Reunidos en la fe, somos llamados a decir a Dios nuestra **acción de gracias** por las maravillas que ha realizado (en este sentido, toda celebración cristiana es eucarística, incluso fuera de la misa). No venimos para «celebrar una fiesta», pero la alegría, que puede ser muy discreta, es el fruto por el que se reconoce al árbol.

No se trata de una alegría ingenua, ya que no se olvida de la cruz de la vida cristiana, ni del drama de la existencia humana. ¿Quién no ha respirado esta alegría interior durante unos funerales cristianos? La alegría no es una morfina para el dolor, sino que coexiste misteriosamente con él...

Tensiones necesarias

Estas contradicciones son a veces difíciles de vivir; todos lo sabemos bien. Sin embargo no podemos soltar ninguno de los dos términos de estas antinomias sin exponer a nuestras asambleas a desviaciones fatales. **Todas estas tensiones son necesarias.**

• Olvidar que somos un pueblo de pecadores es la tentación de una «iglesia de puros», que rechaza a los tibios, a los «malos cristianos» (?). Es el fariseísmo. Olvidar que somos también un pueblo santo es exponernos al complejo de culpa, al cultivo sistemático de la mala conciencia, al moralismo, en fin a una especie de masoquismo espiritual. Este riesgo no siempre se evita en la actualidad y puede muy bien esterilizar a la fe cristiana; se llega a olvidar entonces que Dios nos ha salvado. Tener los dos términos: somos **pecadores perdonados** (volveremos sobre ello al hablar del acto penitencial de la misa, p. 102).

• Cultivar las divisiones que desgarran nuestras asambleas sería evidentemente un suicidio, pero hay que reconocerlas y asumirlas. Tarea delicada. Lo saben bien los predicadores, cuando una palabra, una sola palabra poco afortunada, provoca la protesta: «Estamos aquí para unirnos y usted nos divide». Protesta que oculta a menudo el deseo de una falsa unidad, la que se olvida de las diferencias, en una palabra, la uniformidad más bien que la unidad. Se actúa como si todo el mundo pensase y viviese lo mismo. No es ése el camino de la verdadera unidad; el verdadero camino es el de la reconciliación.

Hay que buscar esta reconciliación en todos los terrenos: tolerancia con los que no rezan como yo, con los que no creen como yo, con los que no les gusta la misma música que a mí, con los que no votan como yo (a la derecha..., o a la izquierda).

¡Tener **juntas la unidad y la diversidad**!

Pueblo reunido para celebrar, pueblo enviado a misionar. También aquí el abandono de uno de los dos polos sería un peligro mortal para la iglesia y una infidelidad grave a su vocación.

Destacar la misión considerando como secundaria la celebración es correr el riesgo de ver cómo las tareas apostólicas degeneran en un activismo cortado de sus raíces espirituales; equivale a no llegar hasta el fondo de la misión que se quiere construir: hacer crecer el cuerpo de Cristo.

Y al revés, una asamblea que perdiera su dinamismo misionero caería justamente en el reproche de evadirse en lo sagrado o de buscar una religión tranquilizante. Pero la fe es riesgo y la misión es imperativa.

• Nuestras asambleas son **limitadas, pero siempre están abiertas.** Si no están abiertas a todas las categorías de creyentes, corren el peligro de ser eli-

tistas y hasta de degenerar en sectas. Si están abiertas hasta el punto de favorecer el individualismo religioso, nuestras celebraciones se convierten en un *self-service* en el que cada uno recoge su ración de alimentos espirituales sin preocuparse de los demás.

• Finalmente, **la alegría cristiana no es una alegría barata.** Es una alegría pascual, y antes de la resurrección estuvo Getsemaní. Si no tomamos en serio la parte trágica de la existencia humana y cristiana, la alegría de nuestras asambleas llegaría a convertirse en iluminismo.

Reunirse, un acto profético

Estas tensiones están hechas en el fondo a imagen de nuestra vida cristiana y de la historia de la salvación. No hay nada estático; todo es caminar; todo se ha cumplido por la sangre de la cruz, pero al mismo tiempo está todo por hacer: todo está ya dado y todo está por recibir.

Por eso **reunirse es un acto profético** que revela a Dios y que anuncia sus promesas. Al reunirnos, afirmamos que Dios ha compartido ya con nosotros su santidad; pero dejándonos convertir por su palabra, apostamos por la promesa que nos ha hecho de participar definitivamente de su dicha. Por la sangre de la cruz, Jesucristo se ha adquirido un pueblo que le pertenece, pero ese pueblo tiene que crecer hasta que adquiera la dimensión del Cristo total, y al reunirnos, tanto si somos 20 personas como 1.000, apostamos por esa reunión universal. En Cristo somos una sola cosa, pero a través de nuestras mismas diferencias apostamos por esa unidad recibida del salvador y queremos ser artífices de la paz. Cristo nos reúne, pero aceptamos que él nos envíe, ya que «hay otras ovejas que no están aún en su rebaño». Nos reunimos por causa de la fe y por medio de ella, y al mismo tiempo reconocemos a un Dios que se oculta, a un Dios santo que no podemos manipular, y apostamos por nuestra esperanza de verlo algún día «tal como es». ¡La esperanza y el gozo!...

Nuestras asambleas, marcando la vida de la iglesia y de nuestras existencias personales, son otras tantas etapas significativas de nuestra fe y de nuestra esperanza; de asamblea en asamblea, apresuramos el día de su vuelta y la llegada de su reino.

Misas de pequeños grupos

Es bueno, legítimo y deseable que los grupos de cristianos, que se reúnen por afinidad o por un motivo apostólico concreto o por una razón pedagógica, se reúnan también para celebrar. Aparentemente, se trata de una asamblea no abierta, pero tiene que seguir siéndolo al menos potencialmente y manifestar su comunión con las asambleas pluralistas. Es especialmente misión del sacerdote recordar sin cesar en esas ocasiones ese vínculo con la «catolicidad», es decir, con lo universal.

Misas de niños, misas de jóvenes

Misas de niños, misas de jóvenes...: se trata de una designación discutible. Fundamentalmente, no hay más misa que la del pueblo de Dios y en una «misa de niños» hay siempre algún(os) adulto(s), aunque sólo sea el sacerdote, recordándonos de paso que no tenemos que hacer celebrar a los niños, sino celebrar nosotros con ellos.

En compensación, no es posible negar la legitimidad de esta práctica cuando, sin infantilizar el evangelio ni vaciar a la liturgia de su contenido, se desea adaptar la celebración a la psicología, a la sensibilidad y al proceso de fe de nuestros pequeños hermanos. Gracias a Dios, descubrimos actualmente el lugar capital que ocupa la acción simbólica en la educación de la fe.

Los responsables de estas celebraciones deberían conocer el libro titulado *Célébrer la messe avec les enfants* (Ed. Chalet-Tardy), una guía de reflexión y de práctica muy rica, que contiene además el Directorio romano ya mencionado y cuyo desconocimiento priva a los jóvenes cristianos de todas las iniciativas que propone...

Pero todo el esfuerzo tan generoso que se ha puesto en este terreno deja sin tocar **la cuestión de la participación de los niños y de los jóvenes en las asambleas habituales**, porque si ellos sólo celebran entre sí, se corre el peligro de crear una iglesia paralela y de que no se integren nunca en la iglesia de los «mayores», o sea, que dejen la iglesia sin más diciendo, como otros muchos, que eso es «cosas de críos».

Entonces, en nuestras misas parroquiales:

—¿**se encargan** los adultos (no sólo los catequistas) de los niños o les dejan que ellos se las arreglen como puedan?

—¿se les confían algunos **servicios**? A su edad, hacer algo es la mejor manera de participar. Muchos critican la existencia de monaguillos ensotanados y miniclericalizados, pero hay que ser inventivos para confiarles algunas tareas dentro del nuevo marco ritual; podrían incluso confiárseles algunos servicios como la lectura, con la debida preparación...

—¿cómo **se favorece** su participación? En la celebración litúrgica, ¿se tiene en cuenta su presencia o se atiende sólo a los «viejos cristianos» que no quieren verse molestados en sus costumbres?

43

11

Todos responsables

«*La asamblea como tal es el sujeto de la celebración eucarística*». Todavía hoy una afirmación semejante sorprende a más de uno. Sin embargo, está sacada de un documento procedente del episcopado francés en el que se inspiran estas páginas (*Tous responsables dans l'église?* Lourdes 1973), Centurion, París.

Se basa en la noción de **sacerdocio bautismal**, muy familiar ahora en la iglesia y que ha tomado formas muy concretas, como la Acción Católica en nuestro país. Todo el cuerpo eclesial tiene que continuar la obra de Cristo. Por nuestro bautismo, nos hemos hecho miembros de Cristo, rey, sacerdote y profeta. Como rey, Cristo ha venido a reunir a toda la humanidad en el reino del Padre; como sacerdote, es el intermediario perfecto entre Dios y los hombres; como profeta, habla y es la palabra viva de Dios. Por consiguiente, esta misión evangelizadora no es, familiarmente hablando, «cuestión de los curas». Todos, por nuestro bautismo, estamos llamados a dar testimonio de la buena nueva, a reunir a los hombres, a servirles construyendo la paz y la justicia liberándolos de todas sus alienaciones.

Pero ¿no sigue siendo la liturgia todavía un «asunto del señor cura»? Es verdad que hay un número impresionante de cristianos que se interesan por la liturgia y trabajan en ella, pero a veces su mismo lenguaje traiciona que lo hacen «para ayudar al señor cura». La generosidad que demuestran en preparar las liturgias y en formarse debidamente para ello es para la iglesia de mañana una gran esperanza.

Al obrar así, no son las «ruedas de recambio» de un clero en vías de disminución, sino que están honrando a la vez su deber y su derecho de bautizados.

El pueblo de Dios se ve así invitado a un viraje de 180 grados. Pueblo sacerdotal, tiene que proseguir la ofrenda del mundo que Jesús hizo en la cruz, en su existencia cristiana y por consiguiente también en el culto.

¡Entendámonos bien! Al afirmar esta prerrogativa de la asamblea, no se trata de negar el carácter indispensable de los ministerios, concretamente el del sacerdote, que tiene una función específica.

La asamblea, para vivir, tiene necesidad de ministerios y de servicios. Esto es verdad para el funcionamiento de cualquier grupo humano: se necesitan un presidente (un leader), unos secretarios, unos encargados de realizar las tareas materiales, etc.

Pero es más verdad aún para la iglesia, en la que el Espíritu suscita todos los dones necesarios para la construcción del cuerpo de Cristo, en la liturgia y en el mundo.

La asamblea es responsable de sí misma. Y los que ejercen un ministerio en el seno de la asamblea están a su servicio (tal es por otra parte el sentido de la palabra «ministerio»). Este servicio supone un poder (por ejemplo, una capacidad de hablar en público, de comunicar o de organizar). Pero los ministros son hombres y siempre es grande la tentación de abusar, aunque sea inconscientemente, de su poder, sobre todo cuando se tienen detrás de sí siglos de poderío clerical, en los que, como se decía a veces, «las ovejas sólo eran buenas para trasquilarlas», y en los que el pueblo no tenía más que decir ¡Amén!

Algunos ejemplos: ¿por qué imponer a la asamblea su ritmo, cuando llega el momento del Credo o del Padrenuestro? ¿Y ese tono, un tanto militarista, de mandar: «sentaos», «levantaos», cuando bastaría con un simple gesto, como sucede entre amigos? ¿Y esos animadores del canto que truenan desde el micro cantando lo que debería cantar la asamblea, e impidiendo cantar a los demás (a no ser por un deseo inconsciente de asegurar la cosa... y de que haya al menos uno que cante)? ¿Y por qué no dejar en alguna ocasión que los fieles elijan el canto? A veces resulta sorprendente su riqueza de invención (por ejemplo, durante la veneración de la cruz el viernes santo), etc. ¿Por qué son siempre los sacerdotes los que hacen los anuncios? Es natural que, por ser los más enterados de la comunidad, sean los que están mejor situados para informar. Pero ¡qué bien que alguno de los laicos comprometidos anuncien las cosas por sí mismos!

Animar viene de la palabra *anima*. Animar es ayudar a la asamblea a expresar su alma, la suya, no la del ministro o la del animador.

Animar no es manipular. Hay que pensar en la comunidad como en un compuesto de personas. En la iglesia hay funciones específicas y hasta una jerarquía, pero todo esto no puede agotar las manifestaciones del Espíritu (he aquí otras dos tensiones fecundas, además de las que se enumeraban en la p. 40).

No se trata aquí de hacer un proceso a los sacerdotes y a los animadores. Para ser justos, hemos de confesar que los fieles son a veces de una pasividad desconcertante. ¿Qué hacen los adultos cuando un niño se escapa del banco y crea un poco de desorden? ¿Qué hacen cuando alguno a su lado está buscando inútilmente la página del canto? ¿Y cuando algún borracho se cuela en la iglesia y tiene que ir el mismo sacerdote a ayudarle a salir? Fijaos un poco el domingo que viene...

Hay que ir creando poco a poco las condiciones de esta autorresponsabilidad de la asamblea (aparte de su participación en los ritos). Cuando llega el día de las «primeras comuniones», ¿se invita a los practicantes a que vengan, a pesar de la muchedumbre que acude entonces, para que así las familias, quizás un poco alejadas, tengan contacto con una verdadera asamblea viva? Cuando una noche del sábado santo, un cristiano (ordinariamente de edad ya bien madura) pregunta: «Sé que mi pregunta os hará sonreír; pero ¿qué importancia tiene esto para mañana?», responded: «Y tú, ¿qué importancia tienes para los demás?» (o sea: toda esa gente que ha venido a celebrar la pascua tiene necesidad de ti para la asamblea habitual).

¡Dichosas asambleas a las que no les gusta faltar a los cristianos para «no disminuir el cuerpo del Señor» (según una expresión antigua) y aportar su contribución, por pequeña que sea, aunque se trate sólo de rezar y de cantar!

Una palabra de que carece nuestra lengua

No disponemos más que de una palabra para traducir dos palabras griegas que utiliza el Nuevo Testamento; en efecto, traducimos por «sacerdote» las dos palabras **hiereus** y **presbyteros**. ¡Y esto es un engorro!

Cristo es llamado *hiereus*, porque es el mediador perfecto entre Dios y la humanidad. Este término se aplicaba en las religiones paganas al que tenía poderes para hacer llegar al fiel hasta Dios.

En Jesucristo, toda la iglesia prosigue actualmente su tarea de único *hiereus*; por eso Pedro dice que somos «nación sacerdotal».

Al contrario, el término *presbyteros* (que quiere decir «anciano» y que ha dado origen a nuestro «presbítero») designa a los ministros situados al frente de las comunidades.

A pesar de una frase muy conocida, nosotros no somos «un pueblo de presbíteros», como tampoco Cristo fue «presbítero». Pero todos juntos hemos de proseguir la obra de Cristo «hiereus»; entre nosotros, los obispos y los presbíteros tienen la misión de velar para que seamos fieles a ello.

Esas frases que nos traicionan

— Por favor, ¿a qué hora celebra usted su misa?
— Amigo mío; en primer lugar, no es «mi» misa. Además, no la celebro yo, sino que la celebramos juntos.

*

— Buenos días, señor cura; vengo a traerle flores para su iglesia (variante: para sus pobres).
— Muy amable, señora. Pero, entre nosotros, no es para «mi» iglesia, sino para «nuestra» iglesia (o «nuestros» pobres).

*

Leído (corrientemente) en un periódico católico: «Con ocasión de su jubileo sacerdotal, monseñor X. celebrará la misa mayor de las 10 en la catedral de Y., con los sacerdotes de su promoción. La coral interpretará (... sigue todo el programa) y el maestro Z., organista, ejecutará las obras siguientes (... ídem). Esperamos una numerosa asistencia para acompañar a los celebrantes».

*

«El celebrante»: un término que utilizamos a menudo para designar al sacerdote que preside la eucaristía. Sin embargo, todos somos celebrantes, o mejor dicho concelebrantes. Es verdad que «presidente» suena mal a los oídos. Quizás fuera mejor decir «oficiante», que evoca una idea de servicio que rendir... a la asamblea.

Si la asamblea es el primer signo...

Si la asamblea es el primer signo de la liturgia cristiana, ¿qué hacer para que ese signo sea significante?

Antes de toda acción litúrgica, hay que plantear algunas cuestiones:

— ¿Ayuda a hacer asamblea el lugar de la celebración, su iluminación, su sonorización? (véase c. 18). Muchas iglesias resultan ahora demasiado amplias para asambleas demasiado pequeñas; ¿es el lugar el que sirve a la asamblea o la asamblea la que sirve al lugar?

— Una cuestión relacionada a menudo con la anterior: ¿qué decir de los horarios de la misa?

Preocupados por facilitar la práctica y por ofrecer mejor servicio (?), pero también por motivos que quizás no sean tan nobles, se han multiplicado indebidamente las misas, al menos en la ciudad. El resultado es que, en vez de reunirse los fieles, se dispersan.

Un problema que hay que estudiar, en el sector urbano y en el rural, es el de si nuestra política de horarios favorece las asambleas significantes o si fomenta más bien el *self-service* y el individualismo.

Ha sido el convencimiento de que el hecho de reunirse es primordial el que ha dado origen en el último decenio a las asambleas dominicales sin sacerdote.

No hay liturgia sin asamblea. La iglesia ha reconocido siempre la validez de una eucaristía celebrada por el sacerdote solo, ya que el sacerdote es, por su ordenación, presencia de la iglesia. Pero es fácil comprender, a la luz de todos los datos del Nuevo Testamento y de la antigüedad cristiana, que esta forma de celebración no es natural. (Por eso el ritual de la eucaristía exige que haya al menos un acólito, excepto en casos graves).

Por su misma naturaleza, la liturgia supone una asamblea. Y hay que poner todo el esfuerzo pastoral para luchar contra la «privatización» de los sacramentos; cada vez que se ensancha el círculo, bien para un bautismo, o bien para el sacramento de los enfermos y hasta para el sacramento de la reconciliación, se hace crecer a la iglesia.

12

Al servicio de la asamblea

«El sujeto de la celebración eucarística es la asamblea como tal»: dice el documento episcopal citado.

Y prosigue: *«Cada uno tiene en ella su propia función: unos ofrecen sus dones, otros leen la Escritura, se la explican a sus hermanos o la comparten fraternalmente... Puede y debe haber un reparto de funciones, teniendo además en cuenta que las circunstancias históricas han supuesto en el pasado una concentración de poderes en manos del sacerdote o del obispo. Pero es misión específica del que representa a Cristo-pastor entre sus hermanos anunciar el evangelio e invocar al Espíritu Santo "sobre la asamblea y sobre sus dones" (epiclesis) en la plegaria eucarística para que Cristo se haga presente y podamos compartir su cuerpo y su sangre.*

Es el propio fiel cristiano el que, en virtud de su ordenación, asume el cargo pastoral de la comunidad eclesial como tal y el que ejerce el ministerio de presidir la asamblea eucarística. Por otra parte, no hay que olvidar nunca que la naturaleza misma de esta celebración exige que esta diversificación orgánica de las funciones se haga en un clima de acogida y de compartir fraternal (cf. 1 Cor 11, 17-34; 13)».

La imagen bíblica del rebaño por sí sola no basta para describir lo que es la iglesia o la asamblea.

Se impone otra imagen: la de un cuerpo orgánico, estructurado, en el que los miembros tienen diferentes funciones y son al mismo tiempo solidarios entre sí. Es la comparación tan conocida que utiliza Pablo (1 Cor 12), precisamente cuando se siente llamado a poner un poco de claridad y de orden en aquella comunidad de los corintios, por lo visto un tanto turbulenta.

Ministerios y servicios

Todavía en nuestros días, nuestros obispos han sentido la necesidad de señalar algunas distinciones en un vocabulario un poco flotante.

«Ministerio» y *«servicio»* son dos términos que traducen la antigua palabra griega *diakonía* (de donde viene «diácono»). En el documento citado desean que la palabra ministerio se reserve para las funciones que tienen los **cinco caracteres** siguientes:

— un servicio concreto, por ejemplo la catequesis de un instituto, la pastoral de los enfermos en un hospital;
— un servicio de importancia vital para la vida de la iglesia;
— un servicio que encierra una verdadera responsabilidad: el ministro «asume un cargo ante la

iglesia de Dios y por tanto ante Cristo y su Espíritu Santo»;

— un servicio reconocido por la iglesia local mediante un acto litúrgico o simplemente por un nombramiento;

— un servicio que supone cierta duración (más o menos fluida).

Existen ministerios y servicios en todos los sectores de actividad de la iglesia, y desde luego en la liturgia. Presidir, proclamar la palabra, acoger, dar la comunión, animar el canto, tocar un instrumento, cantar el salmo, hacer la colecta, etc..., son otros tantos ministerios o servicios que habremos de examinar cada uno en relación con el rito en que interviene más particularmente. El ministerio del sacerdote (presidencia) merece, por su posición clave, un estudio especial.

Entretanto será útil definir con qué espíritu han de cumplirse todas las funciones y qué cualidades requieren: **espíritu de servicio, fe, competencia y espíritu de equipo.**

Un espíritu de servicio

El servicio dentro de la asamblea va acompañado necesariamente de cierto poder. **Poder** recibido de manos del obispo en la ordenación, o al menos poder que se basa en la competencia y la confianza que se pone en una persona determinada.

Pero toda persona que ejerce un poder en la asamblea tiene que tener siempre presente en el espíritu y en el corazón la palabra de aquel que «vino a **servir** y no a ser servido». En concreto: si soy sacerdote, ¿no estaré pontificando y manipulando a la asamblea?; animador, ¿respeto a la asamblea como es debido?; músico, ¿le impongo acaso mis gustos?; etcétera.

La fe

La tradición ha insistido siempre en que los ministerios y los servicios litúrgicos no se les confíe a personas que llevan una vida escandalosa. Esto no

siempre se ha evitado a lo largo de la historia, cuando la mayor parte de los servicios eran remunerados y considerados como un oficio cualquiera. En nuestra época, el problema se plantea de otro modo.

Como es lógico, el cristiano que asegura un ministerio o un servicio, incluido el propio sacerdote, no sólo es un pecador como los demás, sino que no está ni siquiera libre de las dificultades de creer o de la mala creencia. Lo que requiere una función litúrgica es, incluso dentro de una crisis personal, **buscar en la liturgia lo que quiere la fe de la iglesia.**

En todo caso, no se puede menos de desear y de estimular todos los esfuerzos emprendidos para que quienes aseguren estas funciones saquen de ellas consecuencias para su vida personal.

Una competencia

Quien dice función, dice *competencia*. Competencia técnica para cada servicio (por ejemplo, para un lector, saber leer; para un organista, conocer el arte del acompañamiento...), pero además una competencia litúrgica. La constitución sobre la liturgia declara: «*Hay que inculcarles cuidadosamente el espíritu de la liturgia, según la medida de cada uno, y formarles en el desempeño de su misión de forma exacta y ordenada*» (SC 29).

El movimiento litúrgico de estos últimos decenios ha suscitado toda una serie de buenas voluntades. Pero ¿basta en este caso con la mera generosidad? ¡Cuántos sacerdotes no saben celebrar, porque han aprendido solamente a «decir misa» (que es algo muy distinto)! ¡Cuántos animadores que cantan mal, cuántos lectores que son incapaces de transmitir a los demás la palabra que proclaman, cuántos organistas que ignoran por completo las leyes de la liturgia!... Hay que tener el coraje de reconocerlo: a pesar de la masa enorme de generosidad, el resultado es muchas veces decepcionante.

Que no se vea en esta constatación la reacción de un «purista». También sé que hace falta tiempo: la iglesia no se hace en un día. Se perdonan de bue-

Para formarse

Son ya muchos los que se forman, los que participan en sesiones de fin de semana o leen regularmente alguna revista especializada. La tarea es inmensa; poco a poco, se van creando redes de información, en diversos niveles regionales, diocesanos, y hasta en diversos sectores. Conviene que nuestros lectores sepan que en cada diócesis hay un responsable de la liturgia y/o de la música litúrgica, que podrá informarles de los medios de formación existentes.

Un espíritu de concertación

Si la asamblea y toda la liturgia que realiza son misterios de comunión, es natural que de los diferentes «agentes» de la celebración se espere un **espíritu fraternal**.

Esta fraternidad, iba a decir: esta connivencia, no sólo es necesaria como «el aceite para los ejes», sino como testimonio. Esto es lo que significa sin duda esta reflexión que a veces se oye al salir de misa: «Entre vosotros, se siente que hay un equipo». Testimonio de comunión que repercute en la comunión de la misma asamblea.

Sin hablar de los roces que pueden surgir y de las capillitas que pueden formarse (desgraciadamente), hay que confesar que, cuando uno quiere hacer bien las cosas, se irrita fácilmente por las faltas de los demás. Es humano. Un ejemplo bastante clásico: el organista ha cronometrado mal su pieza. Primera actitud: el sacerdote desde el altar mira suspirando hacia la tribuna, con mirada hosca (¡menos mal que no interrumpe bruscamente la música!) y comunica a la asamblea su irritación y su nerviosismo. Otra actitud: todo el mundo se ha dado cuenta de que la música es demasiado larga; una pequeña sonrisa de complicidad con la asamblea y todo queda a salvo.

na gana las faltas técnicas, cuando la liturgia se celebra de verdad. Se sabe también que el movimiento natural incita a lanzarse a otro servicio, después de que uno se da cuenta por la experiencia de que hay que adquirir más competencia. Ha llegado la hora de ser exigentes con los que aseguran un ministerio o un servicio; es cuestión de seriedad.

No es posible tener una buena celebración sin respetarse los unos a los otros y sin un mínimo de acuerdo en la preparación litúrgica.

Ser participante antes de ser ministro

«Yo soy obispo para vosotros, soy cristiano con vosotros» (san Agustín). Podríamos parafrasear: ministro para vosotros, **miembro de la asamblea con vosotros.**

En otras palabras, en la celebración, yo, sacerdote, no estoy allí solamente para hacer rezar a los fieles, para hacerles oír la palabra, para ofrecer la eucaristía; yo, animador, no estoy allí solamente para ayudarles a cantar; yo, lector, no estoy allí solamente para proclamarles la palabra; también es preciso que, como bautizado, yo también rece, y escuche, y ofrezca y comulgue...

Las preocupaciones inherentes a nuestra función corren muchas veces el peligro de hacérnoslo olvidar. Desconfiemos de nosotros mismos; ¿qué podría ocurrir? El sacerdote, en el rito penitencial, da la impresión de que no se siente aludido cuando llega el canto del *Kyrie.* Todos escuchan la palabra y entre tanto llama a un acólito para darle un recado... o pone en orden las hojas de la homilía. Se está cantando el canto de meditación y (por miedo de atrasarse demasiado) ya está en marcha hacia el ambón. Al final del prefacio, invita a la asamblea a cantar todos juntos el himno de gloria y mientras tanto se pone a hojear el misal para buscar la plegaria eucarística (¡ah, si hubieran puesto una señal!). La lectora acaba de decir la oración universal y, mientras la concluye el sacerdote, ella se dirige —¡clic, clac!— a su sitio. Acaba de cantarse el *Gloria* y, durante la oración del sacerdote, el animador ordena sus fichas de canto... Podrían multiplicarse los ejemplos...

Más grave todavía: con frecuencia se tiene la impresión (hablo de «impresión», pero en liturgia la impresión prevalece sobre las intenciones) de que el sacerdote «dice» o lee las oraciones, pero sin rezar lo que está diciendo.

Espejo de la asamblea

Participando es como ayudamos a la verdadera participación. En efecto, nuestra función nos sitúa ante la asamblea, sobre todo desde que la misa se celebra de cara al pueblo. La estructura de la mayor parte de nuestras iglesias refuerza aún más esta situación; como los fieles sólo se ven prácticamente de espaldas, sólo tienen por delante al sacerdote y a las pocas personas que sirven en el coro. Por tanto, somos un **espejo de la asamblea** y nuestra actitud pesa mucho en la actitud de los fieles. En otros tiempos se oía con frecuencia a las personas piadosas decir: «¡Ah, el señor cura! ¡Es un santo! Me gusta ir a su misa». En otras palabras, el sacerdote ora y me ayuda a orar. Después de la reforma litúrgica del concilio, estas esperanzas del pueblo cristiano son más verdaderas que nunca.

13

Presidir la asamblea

Todo lo que acabamos de decir para los ministerios y los servicios de la asamblea vale también para el que preside la eucaristía.

— Presidir es, etimológicamente, «estar sentado delante». Si esta palabra tiene en nuestra lengua ciertas connotaciones desagradables, recordemos que en el momento de «presidir» la cena, Jesús se hizo servidor, esclavo, lavando los pies de sus amigos...

— Entre los ministerios, el del obispo y los sacerdotes ocupa un lugar esencial en nuestra fe católica. El documento episcopal ya citado se explica de este modo:

«No es ante todo por razones de organización, sino para significar y actualizar la iniciativa y la presencia de Cristo en la asamblea, para asegurar la unidad de la iglesia particular, su comunión con las demás iglesias, dentro de la iglesia universal, y la continuidad de la misión apostólica, por lo que algunos de entre esos hermanos reciben el cargo del ministerio pastoral (obispo o sacerdote) y presiden la eucaristía. *El ministro manifiesta que la asamblea no es la propietaria del gesto que está a punto de realizar, que no es ella la dueña de la eucaristía, sino que la recibe de otro, de Cristo que vive en su*

iglesia. Aunque sigue siendo miembro de la asamblea, el ministro es también aquel enviado que significa la iniciativa de Dios y el vínculo de la comunidad local con las demás comunidades dentro de la iglesia universal (Groupe des Dombes, *Vers une même foi eucharistique?*, 1972, n. 34). Es ante todo en el marco de la celebración del memorial del Señor donde los obispos y los sacerdotes ejercen la función cultual y doxológica que supone, sin reducirse a ella, su ministerio pastoral o apostólico»...

Por otra parte, la ordenación general del misal romano (OGMR) define de este modo la función del sacerdote que preside la eucaristía, en unas cuantas líneas que vamos a comentar una a una.

«Haciendo las veces de Cristo, preside la asamblea congregada...» (OGMR 60).

Volvamos a la comparación paulina del cuerpo que tiene como cabeza a Cristo. La asamblea tiene una cabeza, Cristo, cuya presencia es simbolizada por el ministerio de la presidencia. El sacerdote es un miembro de la asamblea, cuyo servicio consiste en significar la presencia de Cristo.

Por tanto, el sacerdote hace las veces de Cristo, lo representa, no ya en el papel teatral de la palabra, sino identificándose, en la medida de lo posible, con aquel cuyo lugar ocupa simbólicamente.

Pero sigue siendo él mismo. Este papel eminente no significa que tenga que encerrarse en su hieratismo fijo y lejano. Conserva toda su humanidad, con sus cualidades, sus carismas, su facultad de estar cerca de la asamblea... y con sus limitaciones.

Y al mismo tiempo se deja investir por su función, intenta ser transparente a la presencia activa de aquel que es la verdadera cabeza. *«Que por su manera de comportarse y de pronunciar las palabras divinas, sugiera a los fieles una presencia viva de Cristo»* (OGMR 60).

«... preside la oración».

Se trata aquí en primer lugar de la oración eucarística, de la que hablaremos más adelante (p. 141) y de las «oraciones presidenciales», con las que concluyen generalmente los grandes ritos (apertura, palabra, comunión, por ejemplo), y que el sacerdote «dirige a Dios en nombre de todo el pueblo santo».

En la situación actual de las cosas, hay que reconocer que estas oraciones son a menudo bastante ineficaces en el plano de la comunicación. Esto se debe a dos razones que están por otra parte ligadas entre sí: la forma de decirlas y la formulación que propone el misal.

En efecto, ¿cómo decir sin tropezar esta oración después de la comunión del domingo 30 del ciclo C: «Que tus sacramentos, Señor, acaben de producir en nosotros lo que significan, para que entremos algún día en la plena posesión del misterio que celebramos en estos ritos sagrados?». ¡Admirable concentración de teología sacramental que hay que meditar despacio, con el libro en la mano, pero no ciertamente una oración para el pueblo y en nombre del pueblo!

Tropezamos aquí con una debilidad del misal romano. Nos contentamos, al principio, con traducir el venerable tesoro de esas oraciones, pero enseguida nos damos cuenta de que ya no nos hablan. Por su concisión tan latina, su sintaxis complicada, sus concepciones teológicas tan lejos de nuestro mundo de hoy, su lenguaje inadaptado, no pueden interesar ya más que al estudiante de liturgia. Compárense con las nuevas plegarias, las de la segunda generación (misas votivas, de funerales, de reconciliación, por ejemplo).

Además, estas oraciones no tienen ninguna relación con el misterio del día: en ese mismo domingo 30 del ciclo C, el evangelio nos habla del fariseo y el publicano, y la oración de apertura pide que «aumente en nosotros la fe, la esperanza y la caridad». El deseo expresado por el ritual, según el cual *«la oración de apertura exprese el carácter de la celebración»* (OGMR 36), no se realiza en este caso.

Pero, más aún, presidir la oración es ayudar a orar. Y siento ganas de decir que todos los medios son buenos: ¿está prohibido acaso, después de la comunión, si no ha habido un canto, decir la oración lentamente, con pausas, en un tono muy íntimo, como si nos deslizáramos por la actitud de oración ya adquirida y como lo haríamos con toda naturalidad entre los niños? Presidir la oración quizás sea no contentarse con las oraciones del misal; no está prohibido, cuando el interés pastoral lo aconseje, añadir una oración a un salmo, a una lectura. Se encuentran oraciones muy bellas en el salterio ecuménico y en algunos misales de los fieles...

Presidir la oración es también introducir algunas plegarias colectivas: *Yo confieso, Padre nuestro,* etc. De la manera de empezar, dependerá la calidad del gesto de orar: o será una fórmula que se recita o una verdadera oración.

En resumen, presidir la oración equivale a dar el tono: el de la interioridad, el de la alabanza, el de la adoración, el de la contemplación, el de la meditación, etc.

«... anuncia el mensaje de la salvación».

«Habitualmente dirigirá la homilía el sacerdote» (OGMR 42). Véase el c. 25.

«... se asocia al pueblo en la ofrenda de Cristo».

Cuestión ya evocada en el c. 6 y que volveremos a tocar a propósito de la eucaristía.

Como el ama de casa...

Como un ama de casa, el presidente de la asamblea atiende a que todo esté dispuesto para la celebración (el marco, los objetos, el programa, la distribución de las tareas). ¿Por qué no va a acoger también a los fieles en la puerta, antes de que vayan a sentarse, en vez de entrar jerárquicamente en procesión? También es importante que esté atento a cada uno y a cada grupo particular, haciéndoles sitio, procurando que los demás atiendan a su presencia. En una palabra, los acoge en nombre del Señor y les ayuda a acogerse mutuamente. Así, el sacerdote es el **hombre de la vinculación**.

• Vinculación **entre las personas** (antes, durante y después de la celebración).

• Vinculación **entre las partes de la celebración.** Lo mismo que el dueño de la casa pone ritmo a la recepción, haciendo pasar al comedor, haciendo que se sucedan los servicios, haciendo que venga la tarta de cumpleaños, repartiendo los puros, también el presidente ordena las diversas partes de la celebración y ayuda a los fieles a relacionarlas entre sí, a captar su dinamismo y su unidad profunda; todo ello, no tanto mediante comentarios suplementarios, como por una forma inteligente de celebrar (por ejemplo, sirviéndose del canto que precede para introducir una oración). ¿Por qué, por ejemplo, no recoger las palabras del canto de introducción en las palabras de acogida, la oración penitencial o la de conclusión? Para ello necesita saber de antemano lo que se va a cantar. Una vez más, la liturgia es trabajo en equipo.

• Vinculación **entre los diferentes ministerios y servicios.** «Cada uno, ministro o fiel, al cumplir con su función, hará *sólo y totalmente* lo que le corresponde» (*Constitución conciliar sobre la liturgia*. El subrayado es nuestro). Ya hemos dicho que el sacerdote no es el *factotum* de la liturgia, pero es el que armoniza el juego de los diversos agentes. Gracias a él, cada uno puede obrar en función «de los dones diversos del Espíritu».

Hay, desde luego, asambleas pobres en personas, en medios. ¿Son tan pobres como se imaginan? Las asambleas dominicales sin sacerdote han permitido muchas veces la revelación de talentos desconocidos hasta entonces. ¿Impedía su manifestación la presencia del sacerdote?

Finalmente, al sacerdote le corresponde animar al lector tímido, canalizar al animador demasiado elocuente o a una coral demasiado exuberante, ayudar al organista a situarse donde es debido...

• Vinculación **entre la celebración y la vida cotidiana.** El ama de casa se preocupa de la vida de sus invitados. El sacerdote hace normalmente lo mismo durante sus contactos apostólicos, pero la acogida en la iglesia podría desempeñar también aquí un papel importante y orientar muchas de las moniciones de acogida.

• Vinculación **entre la asamblea particular y la iglesia universal.** Es ésta verdaderamente su función propia, la que ha recibido del obispo, corresponsable a su vez de la iglesia total. Esta tarea es aún más importante cuando la celebración se limita a un grupo particular.

• Vinculación **entre la asamblea y «el que viene».** Presidente de la asamblea, el sacerdote la orienta hacia el porvenir, hacia el mundo que ha de venir. Simbolizando a Cristo enviado por el Padre y volviendo al Padre, les recuerda a los fieles que todo se les ha dado de arriba y que todo tiene que volver a Dios, por medio de aquel que vino a nosotros para llevarnos hacia el reino.

En la liturgia
como en la vida de la iglesia

El laico que lea este libro quizás encuentre demasiado abundantes estas páginas dedicadas al sacerdote presidente de las asambleas. Estas son lo primero, como hemos dicho, pero hay que aceptar que el ministerio pastoral es demasiado importante para que no lo reconozcamos como tal.

Es capital situar debidamente su papel litúrgico, cuyas características aparecen también **en la vida de la iglesia. Lo mismo que en la liturgia,** él es el reunificador que establece un vínculo entre las personas, entre los grupos, entre las actividades eclesiales (misión, catequesis, acción de caridad, etc.), entre todos y Dios. Es el primer animador o, si se quiere, el «vigilante» activo, compartiendo así el cargo de su obispo.

¿La misa al revés?

Antes, el sacerdote y los fieles estaban vueltos en la misma dirección, como una procesión en marcha «hacia otro sitio». Esto tenía un sentido, y Paul Claudel no carecía totalmente de razón al criticar «la misa al revés».

Sería grave que la misa de cara al pueblo excluyera ese «otro sitio». Podemos significarlo, por ejemplo, volviéndonos hacia la cruz en el momento de signarnos con la asamblea. Pero aquí lo capital es la mirada del sacerdote.

Antes se recomendaba «no mirar a los fieles al volverse hacia ellos». Pero si hoy el sacerdote celebra de cara al pueblo, es precisamente para entrar en comunicación con él. Hay que saber entonces mirar de cara a la asamblea en la acogida, en las moniciones, en la homilía, en la despedida final.

Al contrario, en una oración habrá que traducir la oración hacia el más allá mediante una mirada levantada hacia el cielo, o cerrando los ojos... Cada uno tendrá que encontrar su modo de expresión.

¿Presidir una asamblea dominical sin sacerdote?

Muchos laicos no quieren presidirlas, negándose instintivamente a «jugar» a ser sacerdotes. A menudo, si hay una presidencia, se prefiere asegurarla de manera colegial.

Por otra parte, sería una pena que las asambleas dominicales sin sacerdote fueran la ocasión de un neo-clericalismo: el cura *factotum* se vería sustituido por un laico (o una mujer) bajo cuyo monopolio caería la asamblea. La situación exige más que nunca un reparto lo más amplio posible de ministerios y de servicios.

Sin embargo, muchos laicos sienten la necesidad de un reconocimiento por parte del obispo o de sus mandatarios, no por ambición, sino para que su responsabilidad se inscriba de verdad en una misión más amplia.

14

De la palabra al gesto

Al principio existía la palabra

La palabra ocupa un lugar eminente en el cristianismo. Recorriendo la biblia, vemos que:

— La palabra estaba presente en la creación (Gn 1; Sal 33, 6). Por otra parte, en hebreo el verbo *dabar* significa tanto crear como decir: «Dios dijo y la luz fue». Nos encontramos aquí con la eficacia de la palabra (performativa).

— Después de hablar por los profetas, Dios nos habló en Jesús, palabra viva, no sólo por lo que dijo, sino por su propia vida.

— Por su resurrección, nos da el Espíritu, «que dirá las cosas que han de venir» (Jn 16, 13).

— También nos envía a nosotros: «Id y enseñad a todas las naciones» (Mt 28, 18-20).

— Y los que acogen esta palabra se dejan transformar por este «germen incorruptible» (1 Pe 1, 23).

toda la existencia cristiana están jalonados por la palabra de Dios desde los orígenes hasta los siglos de los siglos.

Las etapas del camino de la palabra...

1. El concilio Vaticano II ha recordado que «Dios no está lejos de los que lo buscan», aunque lo ignoren. Y que de una manera misteriosa Dios les habla como le habló a Abrahán. La *Lumen gentium* ve en ello una **«preparación evangélica».**

2. **La evangelización**, es decir, el anuncio de Jesucristo salvador para invitar a la conversión y a la fe.

3. **La catequesis.** A los que han acogido globalmente la buena nueva se les propone una catequesis destinada a que profundicen en su fe y se dejen iluminar por la doctrina. Así se interpretan, en iglesia, las Escrituras.

4. **El sacramento.** En primer lugar, el bautismo, que viene a sellar la fe.

5. **La vida cristiana.** Transformado por la fe, el cristiano vive a imitación de Cristo y se convierte en testigo suyo. Tales son los «frutos» de la palabra.

«*Al principio existía la palabra*» y toda la historia de la salvación, todo el caminar de la iglesia,

Simplifiquemos un poco:

— hay primero una palabra anunciada y recibida;

— luego, una palabra celebrada;

— finalmente, una palabra vivida.

L. M. Chauvet, en quien se inspiran las líneas generales de este capítulo, propone la siguiente lectura (entre otras) del relato de los discípulos de Emaús (*Symbolique et Symbole*. Cerf, París):

Palabra anunciada y recibida	Los discípulos, dando la espalda a Jerusalén, *se abren* a Jesús y le cuentan su pesar por lo que ha ocurrido. Pero sus ojos siguen cerrados; los sucesos son opacos. No ven su sentido.
	Jesús les explica las Escrituras. Los discípulos no comprenden todavía.
	Pero en ellos se abre una brecha: «Quédate con nosotros, Señor» (señal de que la palabra ha sido recibida). Su fe camina.
Palabra celebrada	Y viene entonces la fracción del pan, en donde la palabra se hace acción, diríamos «sacramento». Entonces, «se abrieron sus ojos».
	Pero Jesús desaparece; presente en la celebración, se convierte en el ausente.
Palabra vivida	No pueden ya encontrarlo más que yendo a sus hermanos, volviendo (conversión) a Jerusalén: es la fe vivida en iglesia, compartida y verificada: «Es verdad... se le ha aparecido también a Simón».

La palabra celebrada

Esta lectura indica cómo la **palabra celebrada** se articula con la evangelización y la vida moral. También ilustra muy bien el vínculo tan estrecho que existe entre palabra y sacramento.

No sólo el anuncio de la palabra precede al sacramento, sino que en el corazón de todo sacramento hay siempre una liturgia de la palabra.

No sólo la sacramentalización sucede cronológicamente a la evangelización, sino que entre ellas hay una relación muy íntima. ¿Habéis observado en el relato de Emaús que es el gesto de la fracción del pan el que «abre los ojos» de los discípulos? En otras palabras, la evangelización no alcanza toda su verdad más que en el sacramento. Y al revés, sería concederle al sacramento un valor mágico celebrarlo para alguien que no está suficientemente evangelizado...

La evangelización, la celebración y la vida cristiana misionera son tres eslabones de una misma cadena. Por poner otro ejemplo, los novios cristianos, a lo largo de su preparación o porque están bien evangelizados, descubren ya que su amor es signo del Dios de la alianza, pero esto no adquiere toda su fuerza y su verdad más que en la celebración del sacramento, que ellos intentan vivir al filo de cada día.

De la palabra al gesto salvador

En toda liturgia se celebra primero la palabra para recordar la iniciativa de Dios, para prolongar y profundizar la evangelización de la que somos los destinatarios tanto como los actores, para estructurar nuestra fe; en resumen, ya en el memorial de la alianza nos dejamos investir y transformar por ella.

En su iglesia, la palabra toma cuerpo y se convierte en gesto salvador de Jesucristo.

Cristo se ha ofrecido por nosotros, dice la liturgia. Y el gesto eucarístico renueva la ofrenda de Cristo. «Cristo ha muerto y ha resucitado». Y el bautizado se sumerge en el misterio pascual. La palabra de Dios hace de él un miembro del cuerpo de Cristo. «Dios ha sellado una alianza con nosotros», dice la liturgia de la palabra. Y la palabra de Cristo hace del consentimiento de los esposos una realidad mística, sacramento de la alianza nueva. Etc.

La palabra de Dios se hace acción, gesto. Decir es hacer.

Las palabras sacramentales

No hay nunca gesto sacramental sin **palabras sacramentales**. Son ellas las que están en el corazón del rito: las de la consagración, de la absolución, del bautismo...

— Primero, para enunciar con claridad el sentido del gesto. Por ejemplo, somos bautizados «en el nombre del Padre y del Hijo y del Espíritu Santo». En efecto, este gesto no es específico de los cristianos. En muchas religiones existe un baño ritual.

— Pero sobre todo porque los sacramentos son acción de Cristo, palabra operante de Dios.

Los gestos sacramentales

Tampoco **hay nunca palabra sin gestos** en los sacramentos, por las razones que antes indicábamos: ¡gesto simbólico!

Se objetará que, para la penitencia, bastan las palabras de la absolución. Es verdad; pero no es ésa la forma habitual. Esta excepción nos demuestra que la palabra en el sacramento es ella misma un gesto.

*

Todo lo que hemos dicho del símbolo y del rito nos debe ayudar a comprender la liturgia desde dentro; pero no está dicho todo.

Hay que señalar lo que la celebración cristiana tiene de específico: los cuatro pilares de la asamblea, de la presidencia, de la palabra y del gesto.

Antes de exponer cada sacramento, hemos de tocar diversos aspectos del funcionamiento de la celebración y examinar aún algunos materiales.

Una situación pastoral dolorosa

De hecho, en nuestros países de tradición católica pero descristianizados, muchos quieren «pasar por la iglesia», como dicen, para el bautismo, el matrimonio o los funerales, por motivos religiosos muy vagos y a veces, quizás más, por deseos de integración en la sociedad («Es lo que se hace... En mi familia, siempre se ha hecho...»), más bien que para entrar conscientemente en relación con el resucitado.

Los sacerdotes que les acogen se encuentran en una situación difícil (y hasta dolorosa para su propia identidad... «Hago de brujo», decía uno). Ante ellos hay unas personas que esperan algo de la iglesia, pero que no están suficientemente evangelizadas.

Muchos desean para esta situación tan compleja y delicada que se les deje salir del «todo o nada» y proponen ciertas liturgias «de evolución», «de camino».

También es de desear que los sacerdotes no sean los únicos que lleven el peso de esta situación y que todo el pueblo creyente se sienta solidario en la búsqueda de una liturgia que respete todo lo posible la realidad de las cosas: la verdad de los peticionarios, la de los creyentes y la de la iglesia. Que los cristianos acepten, por ejemplo, que en algunos funerales no se celebre la eucaristía (donde exista esa costumbre).

15

La comunicación en la asamblea

En la liturgia, de hecho, **todo es palabra.**

En primer lugar, está la **palabra de Dios** y las **palabras** propiamente **rituales**, como hemos visto.

Esta palabra de Dios se convierte también en acto de **oración** (oraciones presidenciales u oraciones de la asamblea).

Están luego las palabras que **estructuran** la asamblea (diálogos, saludos).

Están las palabras que acompañan a los ritos para indicar su **sentido**: «Este es el cordero de Dios»... «Es palabra de Dios»; las que introducen los ritos: «Oremos al Señor... Demos gracias al Señor, nuestro Dios».

Están las palabras de carácter **homilético** (predicación para introducir las lecturas).

La liturgia en sí misma es también comunicación. Para los que representan un papel particular en la asamblea, se trata de un arte cuyas leyes han de conocer.

Escucha, escucha

La iglesia ha destacado desde siempre la audición, la atención a la palabra revelada y a la de la oración, que la asamblea de los primeros siglos acompañaba sobre todo con aclamaciones y respuestas breves. Desgraciadamente, en el siglo V, cuando la iglesia se extendió al mundo bárbaro, se olvidó de adoptar la lengua del pueblo; tan sólo un grupo selecto de personas cultas pudo seguir comprendiendo las palabras de la liturgia. Situación que ha durado... hasta el Vaticano II en la iglesia católica. Sin embargo, durante estos quince siglos, siempre se escuchó la predicación y la música.

Hoy tenemos la oportunidad de poder celebrar en nuestra lengua, lo mismo que nuestros antepasados de la primitiva iglesia. **Una oportunidad que nos plantea tremendos problemas.**

1. Muchos cristianos, y sobre todo muchos sacerdotes, han vivido muchos años bajo el régimen del latín y les cuesta encontrar las actitudes esenciales favorables a la escucha. Se ha conservado la cos-

tumbre de leer en el misal y se olvida que hay que **decir**; se recitan las oraciones y se olvidan de **rezar-las**. Por eso en nuestras liturgias muchas palabras no son más que un runrún y un fondo sonoro. Por eso nuestras celebraciones están plagadas de palabras que... no se dicen.

2. Bajo el régimen del latín, las palabras tenían otro estatuto: el murmullo sagrado servía de telón de fondo a nuestra oración individual y la atención no se veía ni mucho menos atraída por el **sentido de la palabra**.

Cabe preguntar si el paso a la lengua de cada país no llevará necesariamente a aligerar el discurso. Paradójicamente, se podía soportar un largo discurso en latín, puesto que no había nada que comprender. Hoy, cuando podemos y por tanto queremos comprenderlo todo, ¿no habrá superabundancia de palabras?

3. **La evolución de la comunicación** en el mundo moderno, profundamente marcado por los medios de comunicación, complica más aún la situación. Tenemos raras veces la ocasión de escuchar en común un discurso. La mayoría de las veces estamos en pequeños grupos y más frecuentemente solos ante un aparato de televisión. Asistimos a un fenómeno de **privatización** de la palabra: delante de la pantalla, estoy solo y es a mí a quien se dirigen Felipe González o Adolfo Suárez. De ahí mi deseo de comprenderlo todo. Cuando voy a la iglesia, me gustaría, inconscientemente, encontrar las mismas condiciones de audición. Pero ¿es esto posible, si la liturgia es siempre pública?

En la liturgia, la audición se muestra así llena de dificultades.

«Dios estaba en la brisa ligera»

Jesús nos recomienda que, para rezar, «nos retiremos a nuestra habitación y cerremos la puerta» (Mt 6, 6). Esto no es una situación litúrgica y, sin embargo, incluso la oración comunitaria no puede prescindir del silencio en la oración.

No es posible encontrar a Dios en medio del ruido, del vocerío y de la agitación continua. Para oír resonar en nosotros la palabra pronunciada, es preciso que deje de pronunciarse algunos momentos; para ahondar en la oración que se ha formulado, es preciso que deje un instante de formularse. Silencio en la boca, y también silencio en los cuerpos: todo se detiene para una profunda respiración espiritual. «Respiración» - «espiritual»: dos palabras del mismo origen. Es conocido aquel hermoso pasaje del libro de los Reyes (1 Re 19), en que Elías tiene que encontrarse con Dios: *Dios no estaba ni en la tempestad, ni en el temblor de tierra, ni en el fuego, sino en el murmullo de una brisa ligera*, o, según otra traducción, *«en el susurro de un soplo contenido»*. ¡Un soplo, un espíritu, el Espíritu!

Escuchar el silencio

El silencio es la piedra de toque de nuestras celebraciones. O bien es una simple ausencia, su tiempo muerto, tiempo oscuro y vacío en el que no pasa nada. O bien es presencia de Dios, a los demás y a uno mismo, silencio de plenitud que es tan palpable como el propio sonido. Paul Claudel decía que lo más hermoso que hay en la música es el silencio que sigue. El silencio se oye. Nada tan fuerte y tan conmovedor como el silencio de una muchedumbre que se detiene para oír pasar a Dios.

«El Espíritu grita en nuestros corazones»

No hay recetas para obtener este silencio. El cronómetro tampoco sirve para nada. El secreto está en la manera de celebrar.

Hay una técnica para hacerse escuchar, y esto es algo que se enseña. Pero de nada sirve la técnica si falla lo esencial: **la interioridad.**

Cuando se lee la biblia, no se trata de una palabra cualquiera; es Dios el que habla y el que me habla ante todo a mí, lector; cuando el sacerdote reza, no se trata sólo de su oración y mucho menos de la fórmula del misal, sino que es el Espíritu «el que en nuestros corazones grita: ¡Padre!» (Gál 4, 6); cuando el animador canta un versículo y la asamblea repite el estribillo, es también él «el que viene en ayuda de nuestra debilidad»; cuando hacemos un gesto sacramental, es Cristo el que actúa.

Entonces la cuestión no es ya saber si uno va a hablar o a callarse, si hay que cantar o guardar silencio. La única cuestión es ésta: cuando rezo yo, sacerdote, en nombre de mi asamblea... cuando canto yo, cantor, o animador... cuando hago este gesto, ¿estoy atento a ese Espíritu que habita en mí y que actúa en mí? En una palabra, **¿soy yo un oyente de Dios?**

Si, cuando hablo o canto, soy al mismo tiempo un oyente, entonces seré escuchado, o mejor dicho, él será escuchado. Esa es la verdadera cuestión; lo demás es sólo receta, maña y habilidad. Impregnarnos de lo que decimos y de lo que hacemos es algo que nos enseñarán los profesores de expresión, y que es necesario. Dejar que el Espíritu impregne nuestras palabras y nuestros gestos es algo que sólo nos los enseñará la fe, y ese aprendizaje dura toda la vida.

Pero el Espíritu no está solamente en mí. Está también en mis hermanos reunidos. Cristo está en medio de nosotros, los que «estamos reunidos en su nombre». Por tanto, tenemos que escucharnos también unos a otros.

Callarse para hablar mejor

Escucharse mutuamente es ante todo una necesidad técnica. Porque, sin comunicación, no es posible el diálogo. De un amigo, de un médico, de un sacerdote se dice: ha sabido escucharme. Y de esta escucha ha brotado en él (o en mí) la palabra que era necesaria. ¡Qué decepción cuando el otro, al no escuchar de verdad, ha creído comprender y «suelta su rollo» todo seguido!

Para dialogar, hay que **hablar el mismo lenguaje, utilizar el mismo código.** Por tanto, si quiero hablar con el otro, primero tengo que escucharle para conocer su lenguaje, su código. Está claro que no puedo hablar el mismo lenguaje con un niño, con un obrero, con un intelectual...

Sacerdote que presido la celebración, animador, lector, ¿me preocupo de escuchar (no sólo con mis oídos, sino también con mis ojos, con todos mis sentidos) a la asamblea a la que me dirijo, para conocer su lenguaje? Puede tratarse de un lenguaje mudo, pero los ojos y el cuerpo también hablan.

En los cursos de formación de animadores litúrgicos hay que meterles en la cabeza que no canten (sobre todo al micrófono) al mismo tiempo que la asamblea. No solamente aplastan el canto de la asamblea (p. 83), sino que además, y eso es lo que aquí nos interesa, no pueden entonces oír a la asamblea. ¡Permítasenos un poco de silencio!

El animador de cantos es un emisor (E) que, por medio de sus gestos, envía un mensaje a la asamblea receptora (R).

$$E \longrightarrow R$$
animador   asamblea

Su mensaje gestual llegará con mayor o menor eficacia según sean las condiciones de la comunicación (mala visibilidad, «ruido»), y según sea el lenguaje gestual (más o menos adaptado). ¿Cómo podrá saberlo? Por el mensaje-canto que le devuelve la asamblea, convertida a su vez en emisora (E).

$$E \longrightarrow R$$
$$R \longleftarrow E$$
animador   asamblea

Para recibir este mensaje, es evidente que hay que **callarse para escuchar.** Sólo entonces se podrá adaptar la forma de emitir el mensaje para obtener de la asamblea la respuesta deseada. Esto en un ir y venir incesante.

Las personas podrán seguir durante cien años cursos de dirección de asamblea, pero nunca serán buenos animadores si no hacen este esfuerzo de escuchar a la asamblea. En compensación, si han tenido la formación técnica de base, harán rápidos progresos si escuchan a la asamblea, ya que encontrarán ellos mismos los gestos y las actitudes necesarias. ¿Qué es lo que digo? Es su asamblea la que hará de ellos buenos animadores.

Eso mismo se puede decir del lector o del presidente de la asamblea. Aunque la asamblea esté callada mientras se habla, si están atentos, oirán a la asamblea; comprobarán si su silencio está lleno o vacío, si interesan o si aburren. Aprender a hablar en público es aprender a callarse... para escuchar.

¡Entró el balón!

De alguna forma hay que escuchar el recorrido físico de la palabra propia. Algo así como el futbolista que, al hacer un pase, sigue la trayectoria del balón y comprueba si llega bien a su compañero de equipo. La trayectoria de la palabra es más compleja; varía según el órgano que la pronuncia, según el lugar (acústica) de donde se lanza, según el canal (micrófono o directamente) que la transmite, según la asamblea a la que va destinada; todas estas cosas varían, y el que habla tiene que apreciar en cada ocasión esas circunstancias. Si no, la palabra corre el peligro de no entrar nunca por la portería.

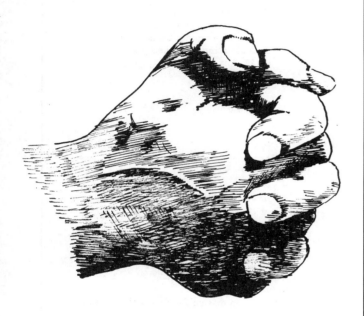

¡Dios ha muerto!

El sacerdote que, en una oración a Dios, mira a la asamblea, como para convencerla... ¡Dios ha muerto!

El solista, o la coral, que cantan palabras de Dios y «hacen música» sin vivir lo que cantan... ¡Dios ha muerto!

El lector que lee la biblia como el anuario de teléfonos, sin respirar ni dejar respirar al Espíritu... ¡Dios ha muerto!

La asamblea que «recita» el Padrenuestro o el canto como un vago sonsonete... ¡Dios ha muerto!

Todos esos cantos que no saben ya hablar a Dios y que sólo intentan interpelarlo, nuevo moralismo... ¡Dios ha muerto!

El sacerdote cuyos brazos se elevan mecánicamente hasta los hombros y no hasta un *más allá* simbólico, el que extiende sus manos sobre las ofrendas en un gesto rutinario y no bajo el peso del Espíritu... ¡Dios ha muerto!

Los que hablan de Dios, los que glosan a Dios, los que siempre dicen «él» y no saben decir: «tú»... ¡Dios ha muerto!

Todas esas palabras vacías de palabra, todos esos silencios vacíos del Dios inefable, todos esos cuerpos vacíos del Espíritu... ¡Dios ha muerto!

¡No! ¡Dios no ha muerto!, pero las apariencias, y la liturgia es apariencia, pueden a veces hacernos dudar de su presencia.

Saber utilizar el micrófono

1. **Plano general**
   (de 20 a 30 cm.).

Utilización

1. Proclamación
2. Conversación, relato
3. Interioridad

1. Plano «neutro»
2. Vivacidad, familiaridad
3. O para indicaciones técnicas, evitando romper el clima

2. **Plano medio**
   (de 15 a 20 cm.).

Técnica

1. Hablar «como si no hubiera micro»
2. Hablar como se habla a un grupo que está a 2 ó 3 metros
3. Hablar como cuando se hace una confidencia a un interlocutor cercano

1. Tono de voz más elevado
2. Natural
3. Articular con más cuidado y más lentamente

3. **Plano próximo**
   (de 5 a 10 cm.).

N.B. Escoger el plano según el tipo de intervención, según el género literario, según el ambiente.
No abusar del plano próximo (¡presencia muy carnal!).

Una iglesia que escucha

Nuestro tiempo adolece de una falta de interioridad. Nos abruma la avalancha de informaciones, nos desbordan nuestras actividades, no tenemos tiempo de reposar. Todos nos lamentamos por ello: vemos así amenazada nuestra maduración como hombres y mujeres. Y tampoco nuestra fe puede madurar sin interioridad. ¿No es esto lo que quieren decirnos nuestros cristianos cuando se lamentan: *«No hay apenas silencio en la misa»*? Tras esta queja, es preciso ver menos un exceso de cantos o de palabras que una necesidad de interiorización. Que la iglesia sea, ante todo, una iglesia que escucha.

¿Para qué sirve la palabra?

La palabra sirve para hablar: es una verdad de Perogrullo. Sin embargo, es una de las actividades humanas más complejas y, como ocupa en la liturgia un papel eminente, es interesante recordar sus diversas funciones:

— Función de **contacto**. Ejemplo: un saludo («El Señor esté con vosotros». «¡Eh, vosotros!». «Dios todopoderoso, tú que...»).

— Función de **información**: decir algo a alguien, anunciarle una... buena noticia.

— Función de **formulación**: cuando le decimos a Dios: «Dios todopoderoso, Dios misericordioso, Dios santo, Dios altísimo, Señor», formulamos una concepción de Dios, tanto para comunicársela a los otros como para impregnarnos nosotros mismos de ella.

— Función de **expresión**: se expresan sentimientos de gozo, de dolor, de admiración, de alabanza, de arrepentimiento, etc.

— Función **estética**: nos gusta jugar con nuestro lenguaje, elaborarlo, poetizarlo. Estamos aquí muy cerca de la actividad simbólica. No nos gusta usar el lenguaje corriente para expresar nuestro amor a alguien; hacemos un poema, decimos un piropo, cantamos una canción...

— Función de **impresión**: se invita, se convence, se exhorta, se conjura, se amenaza, se anima...

— Función **per-formativa**: ya hemos visto esta palabra (p. 18); la palabra formula directamente la acción que significa, es una palabra-acto. El contrato firmado ante notario, el intercambio de consentimientos, los juramentos son palabras performativas.

Es raro que una palabra persiga tan sólo uno de estos objetivos. Por ejemplo, la forma de interpelar a alguien (función de contacto) puede señalar también mi sentimiento (expresión): «¡Querido, tesoro mío!». «¡Eh, vosotros, los de allí!». O puede también contener una exhortación (función de impresión): «¡Eh, vosotros, los de allí!» (se sobreentiende: «¡adelante con el balón!»).

Lo mismo: «Dios altísimo, que obras maravillas, ¡bendito sea tu nombre!»: grito de admiración y alabanza (función expresiva) y también fomulación («altísimo... maravillas...»).

Efectivamente, en el habla no están sólo las palabras; está el tono, el ritmo, el timbre de voz, la intensidad (todas esas cosas son musicales, por otro lado), la proximidad espacial de los interlocutores, los gestos y las actitudes, etc.

No podemos entrar aquí en detalle en toda la riqueza del proceso lingüístico. Quedémonos tan sólo con que todas estas funciones están presentes en la liturgia, según diversos grados y en dosis complejas.

El Libro, los libros y los papeles

El cristianismo no es una religión del libro. Pero nunca se hablará bastante del respeto con que conviene manejar el libro de la palabra, símbolo que hemos descubierto y que es tan importante como el pan y el vino.

Podemos decir sin exagerar que la biblia es el único libro de la celebración cristiana. Hasta el misal, tan importante por contener las oraciones de la iglesia, es secundario.

Pero hoy también se rinde culto al papeleo y nosotros, los sacerdotes, no somos los últimos feligreses de esta religión. Si hay que manejar el Libro con cierta solemnidad, los demás libros y los papeles hay que manipularlos con discreción. Los especialistas de los medios de comunicación nos dan aquí una lección: ¿vemos a los presentadores de la TV manejar sus folios? En definitiva, si no se encuentra la página exacta, ¿no sería mejor cambiar de texto o rezar de memoria?

Añadamos que la costumbre de dar a la asamblea los textos que se cantan quizás no sea lo mejor. Es verdad que esto facilitará la meditación de los textos (si son válidos) fuera del acto litúrgico, pero la experiencia demuestra que cuando la asamblea no tiene el texto a la vista y las condiciones de comunicación son buenas (lo cual es muy exigente para los cantores), su interés se estimula. Tiene que escuchar. No ha de seguir un texto programado de antemano. **Acoge la palabra que viene**. Si hay que deplorar cierta inflación verbal en nuestras liturgias, ¿no habrá que deplorar también una inflación del papel? Por otra parte, podría discutirse en este mismo sentido el uso del misal de los fieles: ¿no es esencialmente el instrumento, sumamente precioso, de preparación o de prolongación personal de la celebración? ¿O es una especie de libreto de ópera, que algunos laicos siguen con una vigilancia puntillosa y rubricista? En resumen, el papel es un intermediario más en la comunicación. Suprimámoslo cuando no es indispensable.

16

Los gestos

Si en la liturgia todo es palabra, podemos decir también que todo es gesto. Nos lo ha demostrado ya nuestra atención a la acción simbólica.

Pero seguramente no será inútil prolongar nuestra reflexión bajando a lo concreto y pasando revista a las diversas actitudes corporales. Dejaremos de lado los gestos específicos de cada sacramento, que evocaremos luego en su lugar debido. Nos contentaremos ahora con los gestos que aparecen en todas las liturgias.

Se trata de actos simbólicos: no se pueden explicar. El que nunca ha hecho una verdadera inclinación, en un movimiento completo de su columna vertebral desde el occipucio hasta los riñones, no puede comprender su sentido. Por tanto, hemos de poner esos gestos en relación con otras realidades y suscitar a propósito de ellos algunas cuestiones.

Las posiciones

• La posición **sentada:** «María se sentó a los pies del Señor y estaba atenta a su palabra». Actitud fundamental del que escucha y del que, consiguientemente, medita o hace una oración meditativa. En una liturgia desarrollada, no hay que olvidar que es también una actitud de reposo, necesaria a veces.

• La posición **en pie:** nos levantamos para acoger y saludar, nos levantamos para aclamar o para honrar a una persona (ejemplo, el evangelio). Esta posición del «hombre en pie» es también símbolo de la dignidad del hombre. Para los cristianos, evoca también a Cristo resucitado, aquel que se levantó a la luz de la mañana de pascua.

De pie, uno se muestra dispuesto a caminar, como los hebreos en la primera pascua.

Pero hay además varias maneras de estar de pie... También está así el que espera el autobús. ¿Es la misma actitud?

• **Caminar**, ir de un sitio a otro, es muchas veces un gesto utilitario, pero tiene también un simbolismo profundo. Por razones pastorales evidentes, no podemos ya hacer procesiones de una iglesia a otra o de una estación del víacrucis a otra. Y nos dan envidia las modernas procesiones de los cortejos civiles por medio de las calles engalanadas...

Ir de procesión no es un espectáculo, sino un gesto de oración que evoca el encuentro (la procesión de comunión) y nos recuerda además que somos un pueblo en marcha.

• **Arrodillarse, inclinarse, postrarse.** Ponerse de rodillas es algo que ha cedido muchas veces su puesto al estar de pie, después de la reforma litúrgica. Hay que decir que muchas veces era una caricatura, con todos aquellos reclinatorios que teníamos, ya que aquel mueble servía también de sitio de apoyo, de mesilla para dejar el libro y formaba con su silla una especie de refugio del individualismo religioso.

• Ahora se prefiere la **inclinación**, pero hay que reconocer que los fieles se atreven pocas veces a hacer este gesto tan profundo y expresivo.

• Sin embargo, sería una pena renunciar por completo a **arrodillarse**. En la antigüedad esto se reservaba para los días de ayuno. Hoy sería interesante volver a introducir este gesto en los ritos penitenciales muy caracterizados; por ejemplo, cuando se cantaba una larga letanía de penitencia o el salmo 50, todos se ponían de rodillas, incluso el sacerdote... (La genuflexión, signo de homenaje, una especie de pequeña postración, tiende también a dejar su sitio a la inclinación, a la que había suplantado en la edad media).

• En cuanto a la **postración**, gesto máximo de humildad, sólo se encuentra en algunas grandes ocasiones, como la ordenación o la profesión religiosa.

Los gestos de las manos

• El gesto de las **manos juntas** caracteriza a la oración y al recogimiento. También se encuentra en las religiones orientales.

• Con frecuencia se prefiere ahora el **gesto del orante**, más bíblico, más antiguo y quizás más expresivo. Las **manos abiertas** simbolizan ese intercambio que es la plegaria, en la que se da y se reci-

be, se pide y se agradece... No es un gesto específicamente ministerial, y está bien, por ejemplo, que los fieles recen cada vez más el Padrenuestro en esta actitud.

• La **señal de la cruz**, signo de muerte y de victoria, recuerda también aquella misteriosa letra T (tau en griego), con la que dice Ezequiel que están marcadas las frentes (Ez 9, 4).

La manera más antigua de trazarla sólo se encuentra ahora antes del evangelio; la forma que nos es más familiar es uno de los primeros gestos de nuestro aprendizaje de la fe.

Es una suerte que el Vaticano II haya reducido a cuatro el número de signaciones en la eucaristía: al principio, para el evangelio, en la epiclesis por parte del sacerdote, en la despedida para la bendición. Razón de más para que entonces este signo adquiera todo su peso.

• La **imposición de manos** no es un gesto de la asamblea, sino un gesto ministerial que se realiza en todos los sacramentos (excepto en el matrimonio, donde no es tan claro). Es el gesto más antiguo y más rico para bendecir, para llamar al Espíritu, para consagrar un ministerio. Lo encontramos con frecuencia en el Antiguo Testamento y en el Nuevo donde, por sí solo, designa a menudo un sacramento.

Hay que citar además otros gestos:

• La **incensación**, en la que se muestran pródigas las liturgias orientales, simboliza a la vez el homenaje que rinde la asamblea y la oración que sube al cielo. Todos hemos oído y visto a los niños taparse las narices en el momento de la incensación... Por tanto, sólo conviene usarla con circunspección; pero es un gesto expresivo que, en la liturgia, rinde muchos servicios para celebrar el Libro, o una imagen de Cristo, o la asamblea...

Ejemplo: en la liturgia en que se quiere subrayar los diversos modos de presencia de Cristo, se inciensa el Libro, luego, después de la consagración, el pan y el vino consagrados, y finalmente, en la despedida, a la asamblea.

• Los **besos** (al Libro, al altar, a la imagen de Cristo) están también muy ligados a una sensibilidad y son fuente de malestar para algunos. Es raro besar los objetos en la vida corriente; en ese caso, se los besa en secreto. En algunas culturas, este gesto puede resultar obsceno. Por eso la libertad de decidir se ha dejado en manos de las diversas conferencias episcopales.

• También el **abrazo de paz** es sustituido a veces por otro gesto fraternal (cf. p. 146).

Liberad el gesto...

Hay todavía otros muchos gestos: comer, beber, cantar (volveremos sobre ello), etc.

También hay otros gestos que es preciso —no ya inventar, pues en este terreno no se inventa nada— sino re-utilizar: levantar las manos para una aclamación, tocar una cruz para venerarla, encender una vela ante una imagen, levantar el cirio para el aleluya pascual, etc.

El gesto es esencial para nuestra fe. ¿No empezamos a relacionarnos desde niños con lo invisible «mandando besos» al Niño Jesús e intentando trazar sobre nuestra frente la señal de la cruz?

Todo esto es una cuestión de clima de celebración y de aprendizaje. Hay que saber que, invitando a los fieles a hacer gestos, se están tocando cosas profundas que no es posible manipular sin prudencia. Si una minoría importante de fieles sigue todavía comulgando «en la lengua», no es seguramente por ideología; su actitud procede de lo más profundo de ellos mismos y serían incapaces de explicarlo.

Entonces hay que saber que para uno que no ha rezado nunca con las manos abiertas, esto es algo que le cuesta y que, si lo hace, le parecerá al principio «algo ridículo». Se necesita tiempo para vivir un gesto simbólico, para apropiarse de él. Tiempo y paciencia. Y también un buen ejemplo, comunicativo, por parte de los sacerdotes y de los animadores.

Y no perdamos ni una sola ocasión para devolver al pueblo cristiano **su libertad de iniciativa** (cf. p. 45).

17

Anotaciones sobre lo sagrado y lo bello

Antes de estudiar los lugares, los cantos, la música, los objetos y las vestiduras litúrgicas, tenemos que hablar de lo sagrado y de lo estético; cuestiones complejas, que son una fuente permanente de malentendidos y un terreno lleno de conflictos. Contentémonos con unas anotaciones.

LO SAGRADO

Lo sagrado pagano

Nada hay tan lejos del evangelio como una concepción natural o pagana de lo sagrado: una sacralidad que pone aparte las cosas, los lugares, el tiempo, los objetos y las personas, que las convierte en tabú (¡no se toca!), siendo profano todo lo demás del universo y por tanto fuera de la religión; una sacralidad que con sus ritos pretende echar la mano al poder de la divinidad (ritos mágicos, idolatría).

En este sentido, y sólo en este sentido, se puede decir:

— No hay ningún lugar sagrado. El templo nuevo es el cuerpo de Cristo resucitado, es el hombre nuevo, la humanidad nueva. Es todo el universo reconciliado por él: «la misa sobre el mundo».

— No hay ninguna lengua sagrada. El latín ha servido para expresar el pensamiento de san Agustín lo mismo que todas las obscenidades del *Satyricon*. Por otra parte, «que toda lengua proclame que Jesús es Señor», dice Pablo.

— No hay instrumentos sagrados. El órgano estuvo mucho tiempo prohibido porque acompañaba a las danzas lascivas en los «saraos» de la época.

— No hay música sagrada. Bach utiliza el mismo lenguaje para cantar la resurrección de Cristo que para celebrar el café.

— No hay objetos sagrados. Todo lo que utilizamos para la liturgia tenía en su origen un uso corriente... incluso la cruz, instrumento terrible y ordinario de tortura.

Con estas afirmaciones, no se trata de ceder a la corriente tan en boga últimamente de la desacralización. Para nosotros, los cristianos, se trata totalmente de lo contrario: **todo puede ser santificado, porque todo el hombre y todo el universo pertenecen a Cristo** (véase Ef 1, 10 o Col 1, 16-20, y también aquello: *«Tanto si coméis, como si bebéis, cualquier cosa que hagáis, hacedla para gloria de Dios»*).

Lo sagrado cristiano

Casi nos vemos tentados de expulsar la palabra «sagrado» (y su pariente «santo») del vocabulario cristiano. Sin embargo, la conservamos. Por varias razones (véase el recuadro de la p. 74), una de las cuales se deriva de la naturaleza del hombre y que podríamos decir que es de orden **pedagógico**.

Pongamos un ejemplo fuera de la religión. Para un hombre y una mujer, aunque no estén casados por la iglesia, el anillo de su matrimonio es algo sagrado. Y no se les ocurriría utilizar ese anillo para un uso trivial. También dirían que su amor es sagrado. ¿Por qué ese respeto para con ese objeto que es el anillo, sino porque significa una realidad superior y sagrada, que es su amor?

Lo mismo, para el cristiano, **lo sagrado** no está en las cosas, sino **en la persona de Jesucristo, sacramento de Dios.** Lo que es sagrado es su fe en Dios y todo lo que esto supone: su vida moral, su visión de las personas y del mundo. Pero las cosas, los lugares, los tiempos son el material que utiliza para celebrarlo; entonces ellos mismos son objeto de un respeto especial. Una esposa no utilizará nunca su alianza para sujetar una cortina: tampoco se utilizará la copa eucarística para beber un trago entre compañeros.

Por esta misma razón, no se puede tirar a la basura un objeto que ha servido para el culto, aunque se haya estropeado y sea inutilizable. Hay que ser muy delicados en suprimir, por ejemplo, ciertas estatuas de nuestras iglesias.

¿Cómo se expresa lo sagrado? Volvamos a la comparación de la alianza. Muchas personas llevan otros anillos y sortijas de todas clases. El anillo nupcial se distingue de los demás; ¿por qué?, ¿una inscripción?, ¿una fórmula?, ¿un emblema grabado en una piedra? Nada de eso; al contrario, es muy

---

¡Hay misterios... y misterios!

La palabra **misterio** puede tener tres sentidos. Los dos primeros están ligados entre sí.

1. El sentido bíblico de **«proyecto de Dios».**

2. El sentido litúrgico de **«sacramento»** (es la palabra que se usa en oriente para hablar de los «sacramentos»).

3. Finalmente, la palabra «misterio» designa una cosa **que no se puede explicar**, que nos desborda, que la razón no puede com-prender.

Lógicamente, los sentidos 1 y 2 encierran una parte de indecible, pero no se trata de algo esotérico. Para nosotros, los cristianos, lo inexplicable está en lo significado y no en lo significante, en el misterio que simbolizamos y **no en las formas** o en el lenguaje.

Pues bien, cuando el español sustituyó al latín, se oyeron voces que deploraban la pérdida del «misterio» (3.er sentido). Pero no sólo esa noción es totalmente extraña al espíritu de la liturgia cristiana, sino que no encuentra apoyo en los hechos históricos, ya que precisamente el latín sustituyó al griego cuando las masas populares dejaron de entenderlo y sólo lo entendía una pequeña élite. Desde el siglo IX, a su vez, el pueblo dejó de comprender el latín y la iglesia estuvo esperando once siglos... pero esto es otra historia.

sobrio. La sobriedad misma es la que crea **un «algo» significativo**.

También en la liturgia los objetos que utilizamos tienen un origen vulgar: el pan, el vino, la música, las palabras, etc., todas esas cosas que pertenecen al común de los mortales.

¿Cómo se manifiesta entonces la distinción con lo vulgar y lo cotidiano? No forzosamente, ni mucho menos, por sus formas especiales, ni poniendo artificialmente señales de la cruz por todas partes (tapadera del copón con una cruz para tomarla, llaves del sagrario en forma de cruz, cruz piadosamente bordada por todas partes en la estola o en los manteles del altar; conozco incluso una casa religiosa en donde los agujeros de respiración en el techo tienen forma de cruz).

— Esta separación se manifiesta ante todo por el **uso ritual** que se hace de esos objetos. Una música que se utiliza durante la acción ritual no la usará un creyente en un contexto de diversión. Lo sagrado está en quienes lo usan, no en el propio objeto.

Los cuatro niveles de lo sagrado cristiano

1. Lo sagrado en cierto modo **sustancial**: el cuerpo de Cristo (cuerpo físico, cuerpo eucarístico, cuerpo eclesial).

2. Lo sagrado de tipo **sacramental**: los sacramentos y las situaciones que crean.

3. El conjunto de signos que expresan la relación religiosa que tenemos con Dios en Jesucristo. Lo sagrado «pedagógico», puramente funcional, no debe confundirse con la santidad del Dios vivo.

4. La **totalidad** de las cosas y de la vida ordinaria que se santifica por el uso que de ellas se hace.

(Según P. Tillich e Y. Congar).

Lo sagrado cosificado... o cuestión de vocabulario

El cristianismo no ha resistido siempre a la tentación de lo sagrado pagano. Había muchos objetos «tabú»: un laico no podía tocar el cáliz, etc.

Por otra parte, muchos ritos se habían cosificado y su distancia de los objetos corrientes se había hecho tan grande que se presentaban como pertenecientes a un mundo sacral, cortado de las realidades humanas: la hostia es un buen ejemplo.

El vocabulario mismo es significativo. Las palabras (de un latín españolizado) con que se designan los objetos nos resultan extrañas. Convendría volver a un verdadero vocabulario español:

— **hostia** = pan
— **cáliz** = copa
— **patena** = plato
— **colecta** = oración presidencial
— **epístola** = carta
— **leccionario** = libro de la palabra.

Es verdad que hay palabras que no tienen un nombre usual, precisamente las que no son de uso corriente: bautisterio, eucaristía o altar, por ejemplo.

Esta limpieza del lenguaje llamaría nuestra atención sobre el destino de las cosas: pan para comer, plato para servir el pan, etc. Y nos ayudaría también a escoger formas más adaptadas y más significantes. Pregunta: ¿por qué el copón para las hostias pequeñas se parece a una copa? ¡Es curioso!

— Además, por la **calidad de sus formas**, por su «dignidad», para recoger una palabra clásica de la tradición litúrgica. Es lógico que un objeto o un lugar que sirven de apoyo a la simbolización de lo que es para nosotros lo esencial, a saber el Dios santo, esté impregnado de belleza.

Y esto nos lleva a la segunda cuestión: la estética.

LO BELLO

A propósito de la belleza de la liturgia, circulan muchas ideas recibidas. Entre otras, aquella de «rezar con un trasfondo bello», tan repetida y que es fuente de muchas confusiones.

Cuando, en la intimidad de mi despacho, pongo en el tocadiscos una cantata de Bach, puedo «rezar con un trasfondo bello», pero no hago liturgia. La *Misa en sí menor* de Bach o la *Missa solemnis* de Beethoven, bellos monumentos de arte religioso, no son aptos para la celebración cristiana. La más bella de las catedrales góticas puede resultar un mal instrumento para la liturgia de hoy.

Las misas-conciertos en las iglesias-museos, ¿acaso son el «Haced esto en memoria mía»? Hay que tener el coraje de decirlo, aunque le choque a más de uno; aun sabiendo que ha desempeñado muchas veces esa función, la iglesia no tiene la vocación de ser «mecenas de las artes». La liturgia no es la conservación del pasado, ni el centro de ensayos de música o de pintura contemporáneas, ni el último grito de los éxitos del año.

Después de estas ideas aparentemente iconoclastas, hay que subrayar, sin embargo, que **el arte y la liturgia** son buenos aliados. El artista, como ya hemos señalado, es el hombre del símbolo, capaz de expresar lo invisible y lo inefable. Por eso es natural que los artistas se hayan sentido siempre un poco como en casa en las iglesias, aun cuando no compartan nuestra fe. La iglesia los ha llamado siempre y los sigue llamando afortunadamente en nuestros días. Es ésta también su manera de estar abierta a los hombres de hoy: ¿será preciso citar la obra ejemplar de Le Corbusier en Ronchamp?

Al visitar recientemente la iglesia de Plateau d'Assy, nos hicieron observar que, en su tapiz del Apocalipsis que cubre el fondo del coro, Jean Lurçat no quiso poner nada en el centro, para que resaltase mejor la cruz que había encima: maravillosa sensibilidad de un artista cuyas opiniones marxistas son muy conocidas y al que quizás algunos se nieguen a calificar de «religioso»...

Como un hermoso instrumento

El núcleo esencial de la cuestión estética sigue siendo el rito. La primera condición para que una música, una arquitectura, una pintura, un texto sean litúrgicos es su **aptitud para servir al rito**.

Admiramos mucho los instrumentos de los cortesanos antiguos; los ponemos en los museos o decoramos con ellos las paredes de nuestras casas de recreo. Y con razón. Esos instrumentos son bellos, porque se adaptan a la mano del que los manejaba.

«Lo contrario de lo bello no es lo feo, sino lo informe». Buscando la mejor forma posible para servir al rito, es como el arquitecto, el poeta, el músico tienen más oportunidades de conseguir una forma bella. ¡Buscad la aptitud, y la belleza se os dará por añadidura!

Esto puede ser cierto de los instrumentos para la celebración más complejos como para los más sencillos, para las largas letanías como para los estribillos cortos, para los conjuntos arquitectónicos como para un simple vaso, para una catedral como para una capilla.

No la obra, sino el acto

La segunda indicación que se deriva de la primera es que el arte no es aquí una cuestión de obra, sino de acto. En definitiva, una música o un poema o un vaso litúrgico no tienen existencia fuera de la

73

liturgia. El malentendido está en que muchas veces el artista quiere hacer una obra, su obra, mientras que lo que ha de hacer es, siguiendo tal como es, descentrarse y **entrar en la perspectiva del acto litúrgico.** El músico no compone un canto para expresarse, sino para que sus hermanos puedan realizar el acto de cantar.

Evidentemente, lo que él propone no es indiferente para la calidad del gesto que habrá de hacerse, pero la manera en que ese canto se integre al rito y sea por tanto asimilado por los que celebran tendrá tanta importancia, por lo menos, como la obra.

La flor de los campos y la composición floral

Ciertamente, el gesto prevalece sobre la obra, si se hace de verdad. Si vuestra pequeña de cuatro años os trae un ramo de flores silvestres, compuesto de cualquier manera, sentís una gran alegría. Si para vuestro cumpleaños un adulto os trae un ramo de flores mustias y mal arreglado, decís por lo menos que «no ha estado a la altura conveniente».

En liturgia no puede hablarse de estética, sin unir a ello la noción de **verdad.** Entre el organista consumado que toca cualquier cosa y el debutante que toca cosas sencillas, pero con el corazón y con deseos de servir al rito; entre la parroquia que paga a una buena floristería y las señoras que traen las flores de su jardín, no hay que vacilar. Esto no quiere decir que los segundos no deban intentar adquirir mayor competencia; también esto es cuestión de verdad.

Lo que me alejó de la iglesia, al salir de mi infancia, creo que fue su fealdad. ¿Frivolidad de «artista»? Quizás. Pero lo que se ve, tiene su importancia. Pues bien, la ciudad de Dios no me mostraba más que una horrorosa decoración. Aquellos hombres-mujeres de negro, aquellos templos sombríos con rincones por todas partes, aquellas ropas de sacristía que olían a moho, aquel latín incomprensible refunfuñado en medio de volutas de incienso, aquellas comuniones con los ojos cerrados y la boca abierta ante un comulgatorio adornado de un mantel horrible, todo aquello me parecía irremediablemente sucio, falso sin duda, pero sobre todo sucio, como las imágenes de san Sulpicio, como la moral raquítica que enseñaba entonces la iglesia. ¡Oh vieja iglesia, enemiga de la vida, cortesana de poderosos y de ricos! ¿Qué es lo que me indignaba contra ella? Precisamente eso: mi sentido de lo sagrado. Porque al mismo tiempo que me desfiguraban lo sagrado, yo vislumbraba su verdadera naturaleza; lo sagrado no consiste, según se cree, en alejar algo de la realidad para elevarlo a algo ideal, sino en descubrir en su realidad su dimensión de eternidad. Por eso, la iglesia me parecía profana, porque no me hablaba del cielo. Buscaba yo lo sagrado en otra parte, abajo, a ras de tierra: en los rostros, en las manos, en una palabra, en un grito. Pero nunca en esos ritos alejados de todo lo que me rodeaba, desarraigados de su razón de ser y tan ridículos como las «tradiciones» teatrales: abajo, una tierra y unos hombres; y allí arriba, esa vana representación.

Morvan Lebesque
«Le canard enchaîné» (4 febrero 1970).

18

El lugar de la asamblea

«Dios no habita en templos hechos por manos de hombres», declara Pablo a los atenienses (Hch 17, 24). El **templo nuevo** es el cuerpo de Cristo resucitado en donde se celebra el culto *«en espíritu y en verdad»* (cf. Jesús a la samaritana: Jn 4, 22-23). Cristo está presente *«donde hay dos o tres reunidos en mi (su) nombre»* (Mt 18, 20).

Por consiguiente, no hay ya lugar sagrado, lugar santo, en el sentido pagano e incluso en el sentido del Antiguo Testamento. Si podemos decir que la iglesia es un lugar santo o sagrado, es solamente en relación con la asamblea que allí se celebra, «nación santa», como dice la primera carta de Pedro.

Por otra parte, los cristianos de Jerusalén, nos dicen los Hechos, seguían *«acudiendo asiduamente al templo»*, sin duda para rezar, pero sobre todo porque era un lugar idóneo para la evangelización; pero cuando se trataba de la celebración específica de los discípulos de Jesús, *«compartían el pan en sus casas»* (Hch 4, 42) ¡Maravillosa libertad!...

Casa de Dios, casa del pueblo... de Dios

Así, pues, cuando se construye una iglesia, el paso que se sigue es lo contrario del paso que seguían los paganos. No se trata ahora de delimitar un perímetro sagrado y tabú para encerrar allí a la divinidad. Se trata más simplemente, más humanamente, de tener un lugar donde reunirse y celebrar. Eso es la iglesia. Tiene que adaptarse a lo que se quiere hacer en ella (funciones) y dice algo del misterio de Dios y de su pueblo. **Util para celebrar**, tiene que adaptarse a la asamblea o a las asambleas que allí se tienen y a las acciones rituales que allí se desarrollan, y no al revés.

El lugar de la asamblea

Si la asamblea es el primer símbolo, el espacio donde se reúne es lo primero que hay que examinar. Llamo la atención a los equipos litúrgicos sobre ello; antes de reflexionar sobre la manera de tener la asamblea con vistas a una celebración, no es inútil mirar el espacio en donde se tiene la reunión.

Citemos simplemente el ritual:

257. El pueblo de Dios, que se congrega para la misa, lleva en sí una coherente y jerárquica ordenación que se expresa en la diversidad de ministerios y de acción, mientras se desarrollan las diversas partes de la celebración. Por consiguiente, la disposición general del edificio sagrado conviene que se haga de tal manera que sea como una imagen de la asamblea reunida, que consienta un proporcionado orden de todas sus partes y que favorezca la perfecta ejecución de cada uno de los ministerios.

273. Esté bien estudiado el lugar reservado a los fieles, de modo que les permita participar con la vista y con el espíritu en las sagradas celebraciones. En general, es conveniente que se dispongan para su uso bancos o sillas. Sin embargo, la costumbre de reservar asientos a personas privadas debe reprobarse. La disposición de bancos y sillas sea tal que los fieles puedan adoptar las distintas posturas recomendadas para los diversos momentos de la celebración y puedan moverse con comodidad cuando llegue el momento de la comunión.

Procúrese que los fieles no sólo puedan ver al sacerdote y demás ministros, sino que, valiéndose de los modernos instrumentos técnicos, dispongan de una perfecta audición.

La iglesia es ante todo el lugar de la Iglesia, de la ekklesía. Y es revelador el hecho de que el continente haya tomado el nombre del contenido.

La iglesia es ante todo la casa del pueblo, y así es como la entendían los antiguos, que agrupaban en aquel lugar, además del culto, diversas actividades de la comunidad (esto mismo se hace en muchas iglesias contemporáneas). El pueblo que allí se reúne no se contenta con celebrar, sino que evangeliza, catequiza y despliega sus actividades caritativas. Por eso la iglesia se convierte en símbolo de la Iglesia en todas sus dimensiones.

Casa del pueblo de Dios, es al mismo tiempo e indisolublemente **casa de Dios** por la razón que hemos dicho.

Como vuestra casa...

Lo que apreciáis en vuestra casa es sobre todo su aspecto práctico, la organización de sus espacios en función de las diversas actividades de la vida: comer, trabajar, descansar, dormir, etc. Normalmente, a cada tipo de acción corresponde un lugar.

Al entrar en un edificio, desde la primera ojeada se sabe qué es lo que se hace allí: no hay nada tan distinto de una vivienda como un local administrativo.

Pero, al mismo tiempo, una casa, un apartamento, dicen algo de la persona o de la familia que allí vive, por su distribución, por su estilo, por su decoración...

En otras palabras, ver el sitio en donde uno vive es captar algo de su personalidad, de su misterio.

Los lugares para el rito

Y en nuestras iglesias hay **un lugar para cada rito**:

• **La presidencia**: «La sede del celebrante debe expresar la función del que preside la asamblea y dirige la oración» (OGMR 271). Ni trono, ni tribuna, sino lugar de un servicio que exige que el que lo cumple esté delante del pueblo (*prae-sedere* = «estar sentado delante»). Por consiguiente, en las asambleas generales, el sacerdote estará de ordinario en el fondo del ábside, aunque en pequeños grupos puede sentarse en el centro del corro de los que participan.

• Las **«dos mesas»**:

— la de la palabra, el **ambón**;

— la del **altar**, lugar del sacrificio y mesa de comer, es «el centro adonde se dirigirá espontáneamente la atención de los fieles, incluso fuera de la misa, al ser el recuerdo permanente (y por tanto fijo) de que la eucaristía es el objetivo esencial y supereminente de toda asamblea. De suyo, no hay más que un altar, como no hay más que un solo Señor y una sola iglesia. Por tanto, habrá que buscar la forma de hacer realmente secundarios los altares laterales que, por diversas razones (financieras o artísticas), no es posible quitar.

El altar ¿es verdaderamente la mesa del banquete eucarístico o el trastero en donde se encuentran mezclados el misal, los papeles de la homilía, el micro, las vinajeras y el lavabo, la hoja de anuncios... y las gafas del señor cura? Si la mesa de nuestros banquetes estuviera tan bien «adornada»..., ¿qué dirían nuestros invitados?

El altar tiene algunas prolongaciones: la **credencia** para los objetos accesorios y la **mesa de las ofrendas** (si se ponen allí la colecta o las ofrendas naturales).

• El **bautisterio.**

• El **sagrario** estará de ordinario en un lugar de la iglesia que favorezca el recogimiento y la adoración (y no en el altar en que se celebra la eucaristía). Convendría poner al lado una biblia que pudieran utilizar los fieles. Una vez más, ¡las «dos mesas»!

• Finalmente, conviene que en la iglesia haya **otros espacios** destinados a la devoción a la Virgen o a algún santo local.

Una buena articulación

Las situaciones son tan variables y las iglesias tan diferentes que no podemos aquí hacer otra cosa más que recordar las funciones de cada espacio.

Hay que recordar además un principio: el de **la articulación entre los diversos lugares:**

— No basta con que cada función esté materializada en un objeto (altar, sede, etc.). Es preciso que cada una tenga su **espacio conveniente.** Un espacio para cada acción.

— Hay que buscar una buena relación entre esos diversos espacios, de manera que cada función aparezca según su **jerarquía** y en su originalidad.

En resumen, para rezar, hay que buscar los espacios, los volúmenes, la luz y los colores, articulando de forma homogénea y estructurada los diversos elementos.

Finalmente, es lógico que toda esta descripción concierne a la iglesia con vistas a la asamblea general. En una celebración de grupo, habrá que actuar con más flexibilidad: al menos, habrá que cuidar especialmente los espacios de «las dos mesas».

La iglesia, símbolo de la Iglesia

Existe un rito para «dedicar», para consagrar el edificio-iglesia. Es un rito bastante complicado y se celebra muy raras veces; por eso no hablaremos de él. Si lo recordamos, es porque desarrolla todo el simbolismo de la iglesia.

Convendrá leer los textos de la misa para la dedicación de las iglesias, que se celebra algunas veces durante el año en honor de algunas grandes basílicas romanas (Letrán, el 9 de noviembre, etc.). Leed y meditad en especial el prefacio o la «oración de las horas», los himnos del oficio de lecturas y de maitines.

Una dificultad de peso

Supone un serio obstáculo tener que celebrar la liturgia del Vaticano II en unas iglesias concebidas para la antigua liturgia. Basta con recordar las experiencias de las misas vividas en los dos tipos de arquitectura que esquematizamos en este croquis:

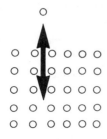

1

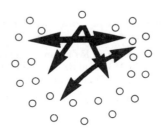

2

(las flechas caracterizan los tipos de relación creados)

En el esquema 1 (estilo iglesia [neo-] gótica): relación frontal vertical, separación muy fuerte con el lugar de las acciones principales, acentuación del poder clerical).

En el esquema 2: relación vertical, pero también circular (las personas se ven); aunque conservan su espacio propio, los lugares de las acciones y los «líderes» están más cerca del pueblo.

Algunas arquitecturas constituyen un obstáculo casi insuperable. Pero en otras muchas pueden modificarse algo las cosas. Hay que hacerlo teniendo en cuenta el buen gusto y la unidad del conjunto; para ello, consultar con personas competentes. El responsable diocesano de arte sagrado os podrá ayudar.

Como ilustración, y no para dar una receta, citaré el caso de una iglesia (neo-gótica) en la que se ha suprimido el pasillo central y se han orientado las filas laterales hacia el coro según este esquema:

En este caso, se verifica también que es el lugar el que hace la asamblea. Por tanto, esta cuestión debe preocupar a los que trabajan en la liturgia.

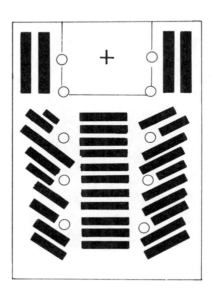

Fijaos en vuestra iglesia

Fijaos en vuestra iglesia con una mirada nueva.

— La **entrada:** ¿es acogedora (limpia, bonita), o llena de estorbos, viejos carteles rotos, el túmulo para los difuntos, etc.)?

— ¿Se ha tenido en cuenta una transición desde la calle, sin impedir por ello el paso entre la iglesia y el mundo?

— La **nave:** ¿está en orden, bien iluminada, caliente?, ¿qué ambiente se respira (colores, luz, olores)?

— La **disposición de los asientos:** ¿ayuda a la agrupación y favorece la unidad de la asamblea?, ¿se ven los asistentes de cara o solamente de espaldas?

— ¿Facilita los gestos y las acciones de la asamblea?

— ¿Son visibles para todos las acciones rituales y las personas que las ejecutan (presidente, lector, etc.)?

— Abrid los oídos: calidad de la acústica. Abrid el micro: ¿se oye desde todos los rincones?, ¿está bien regulado el sonido, ni flojo, ni estridente?

— Mirad el coro iluminado. ¿Qué es lo que salta inmediatamente a la vista?

— El altar, el ambón y la sede de presidencia, ¿tienen cada uno su debido espacio?

— ¿No hay demasiadas cosas que estorban, inútilmente?

— Etc.

19

Canto y música

Desde luego, se puede celebrar a Jesucristo sin recurrir a la música y al canto. Es lo que corrientemente se hace, pero esto no impide que, por la tradición cristiana y hasta bíblica, e incluso por la misma naturaleza de las cosas, la música ocupe en la liturgia un lugar privilegiado y estructural.

Invito al lector que abra directamente este libro por este capítulo, movido por un interés muy vivo por esta cuestión, a que recorra los capítulos en que describimos todas las riquezas de la acción simbólica, y verá cómo todas aquellas páginas se aplican maravillosamente a la acción musical. En efecto, ésta es una de las acciones simbólicas más fundamentales del hombre.

Por algo la música y el canto litúrgico han sido, a lo largo de la historia, objeto de discusiones a veces violentas. Muy recientemente, el retroceso del canto gregoriano o la introducción de la guitarra han suscitado muchas pasiones, que aún no se han aplacado del todo. Esto demuestra que el canto y la música son un punto neurálgico del culto cristiano.

La música al servicio del rito

«Música sagrada, música religiosa, música de iglesia»: otras tantas expresiones corrientes para de-signar obras relacionadas con lo religioso o con el cristianismo. Pero no por eso conciernen siempre a la liturgia.

Son términos demasiado imprecisos: «música sagrada» puede designar tanto una pieza gregoriana como una música hindú; lo mismo pasa con «música religiosa». «Música de iglesia» evoca la música que se hace en la iglesia, bien sea fuera del culto (por ejemplo, un oratorio), bien en el culto. Pero no está dicho por ello que convenga al culto de hoy, ya que muchas obras sirvieron en otro contexto (por ejemplo, la *Misa en sí menor* de Bach).

Estas expresiones son fuente de confusiones y malentendidos, a veces apasionados. Por eso preferiríamos, con el grupo *Universa Laus*, las expresiones siguientes: «*música de liturgias cristianas*» o «*música ritual de los cristianos*», o sencillamente «*música litúrgica*».

En efecto, lo que define a la música en el culto es que está ordenada por entero al cumplimiento del rito, bien sea porque utiliza una obra ya hecha, bien porque se crea una nueva. La música litúrgica es **ante todo un «instrumento»** que ha de permitir comulgar en una misma acción, aclamar, meditar, proclamar, etc.

La música al servicio de la asamblea

La música está al servicio de la asamblea que celebra. Aunque es un arte, hay que evitar caer en la trampa del arte por el arte, es decir, en la idolatría de la diosa *música*. Aunque, de hecho, la música practicada hace progresar a los fieles en la práctica musical, y hay que ayudar a que «vaya más lejos», la iglesia no es el lugar de una «educación popular». Aunque, de hecho, una coral encuentra su lugar más a gusto cantando en la iglesia (y debe ser así, para que no se resienta su calidad), la iglesia no es una «casa de la cultura».

En la elección de la música, **la asamblea es lo primero**. Tanto la música que hace como la que escucha, es ante todo su música, y no la de «los que saben».

Esto significa plantear un problema difícil, tanto más porque vivimos en un mundo donde ha explotado la cultura. En una asamblea pluralista, no habrá muchas veces más que dos vías, bien sea la vía más estrecha, en la que convergen las prácticas comunes, bien sea la mezcla de estilos y de géneros, difícil de manejar si no se quiere romper la unidad de la celebración, pero que puede ser una manera de «amarse los unos a los otros» en la diversidad: ¡tensión fecunda!

EL CANTO

Preeminencia del canto

En la tradición judeo-cristiana siempre ha destacado el canto sobre la música instrumental. No es que la iglesia haya rechazado a esta última, pero siempre ha desconfiado un poco de ella, ya que a veces puede llevar a una embriaguez incontrolable (esto puede sorprender, pero basta con pensar en ciertas prácticas actuales en la sociedad, en las que se utiliza la música como una droga). Por encima de todo, la iglesia **ha privilegiado siempre el canto porque está ligado a la palabra**, cuyo lugar en la liturgia ya hemos señalado oportunamente.

Palabra y música

¡Cuidado! Un canto no es un texto salpicado de música. Dos aires musicales distintos hacen decir otra cosa a un mismo texto (compárense por ejemplo el Kyrie I y el Kyrie XVII). El texto y la música actúan mutuamente entre sí; la segunda ofrece un elemento inefable. Hay que tener en cuenta la globalidad del canto que se elija en cada celebración.

Hay que conocer además las relaciones entre el canto y la música, que podríamos caracterizar en tres tipos generales:

• 1.er tipo: La música sólo sirve para sostener la palabra, como si fuera una humilde esclava de la misma. Tal es el caso de la recitación, de la salmo-

que les da su fuerza de impregnación, la calidad del repertorio es una *oportunidad para la fe*. A principios de siglo, se cantaba:

«Sálvame, Virgen María; sálvame, te imploro con fe.
Mi corazón en ti confía...».

¿No es este cántico a la vez fuente y reflejo de una manera de creer?

Un gesto

• Primeramente, cantar es un **gesto**. Lo olvidamos muchas veces. No sólo un gesto vocal, sino un gesto de todo el cuerpo.

Unas veces es **un gesto comunitario**; por eso el canto ocupa un lugar tan amplio en la participación de la asamblea, porque facilita una expresión colectiva.

Otras veces es un **gesto realizado por uno solo en nombre de todos** (el animador, el diácono o el sacerdote).

• Cantar es un **gesto ritual**, bien porque constituye el rito (por ejemplo, aclamar, «aleluya»), bien porque acompaña al rito (por ejemplo, el canto de comunión). En este nivel, si se canta como es debido, puede darse por descontado que el rito se realizará. Si escojo un buen aleluya, bien aclamatorio, y si todo concurre a que sea realmente cantado como tal, el rito se realizará.

• Pero, en otro nivel, el nivel simbólico, el canto **produce sentido**. Como hemos visto, nadie lo puede dominar, nos arrebata, nos impresiona, nos sacude, nos sorprende, nos choca, etc.

La forma y el fondo

En la elección de un canto debe intervenir un tercer criterio. Tomad el salmo 117 el día de pascua.

dia, de la cantinela (por ejemplo, el canto del prefacio o del Padrenuestro, versión del misal).

• 2.º tipo: La música entra en simbiosis con la palabra. Es el caso de un himno o de un cántico bien hecho. No se puede decir qué es lo más importante: las dos van a la par.

• 3.er tipo: Predomina la música y el texto es casi sólo un «pretexto», por ejemplo: el aleluya gregoriano con sus largas guirnaldas melódicas. La palabra «aleluya» se hace música.

«Canto» y fe

«Dime lo que cantas, es el título de un libro de M. Scouarnec (Cerf), y te diré lo que crees». Como la música da a las palabras un espacio nuevo, por

Cantadlo con un estribillo antes y después de todo el conjunto. Cantadlo luego intercalando el estribillo entre cada estrofa. Tercera forma: cantadlo con un aleluya punteando cada versículo.

Y otra manera más: haced cantar seguidamente y a media voz un aleluya y proclamad el salmo sobre ese trasfondo. Cada forma es distinta y cada una hace y dice algo diferente.

Cuando se toma un himno solemne como cántico de entrada, por ejemplo «Juntos como hermanos», prácticamente está dicho y hecho todo, gracias a la forma.

Así, pues, hay que **escoger la forma en función de la situación ritual** en que se utiliza el canto. Véase, por ejemplo, para el canto de comunión y el de después de la comunión lo que se dice en la p. 151.

Los repertorios

Como la celebración es por naturaleza repetitiva, toda asamblea tiene necesidad de un **repertorio**. Ante todo, por una razón práctica, ya que no puede estar siempre aprendiendo cosas nuevas y porque, para «vivir» de veras un canto, hay que poseerlo bien. Y también por razones estéticas: algunas piezas musicales no podrían dar toda su significación si no se ejecutasen debidamente. Y sobre todo, porque, a medida que se le utiliza, ese canto se va cargando de toda una experiencia.

El joven que estuvo en Taizé volvió a vivir aquellos días al cantar de nuevo aquel canto que allí escuchó; los que cantan un cántico de Lourdes vuelven a vivir toda su peregrinación. Escuchad el *Rorate, caeli desuper* y vuestra memoria se inundará del adviento de vuestra infancia, etc. Es este un dato muy interesante a la hora de programar los cantos.

Por las razones que hemos indicado anteriormente, el repertorio es un compendio de la fe de la comunidad.

¿Qué escoger? Todos los caminos están abiertos, teniendo en cuenta los objetivos pastorales. Desde el repertorio gregoriano hasta las músicas más modernas, todo está disponible y no hay ninguna razón para desechar *a priori* tal o cual parte del patrimonio.

Aunque sea evolutivo, el repertorio debe tener cierta **estabilidad**. El afán de novedades que conocemos desde hace unos quince años no puede perdurar. En la enorme producción (6.000 canciones nuevas), hay que realizar un discernimiento y no dejarse seducir por la presentación fonográfica a veces engañosa o por el «vedettismo» de ciertos cantores-compositores. Es urgente que los responsables formen su juicio.

He aquí las formas musicales más corrientes en la liturgia:

1. Responsos, invocaciones, letanías (intervenciones breves de la asamblea):

2. Estribillo:

3. Himno:

4. Tropario (forma más compleja que integra 1 y 2): por ejemplo, estrofa, estribillo, letanía, estribillo, estrofa, estribillo.

5. El «riff» (origen = jazz; fórmula rítmico-melódica repetitiva sobre la que se sobreponen las intervenciones cantadas o habladas):

Al lado del repertorio propiamente dicho (himnos, cánticos, etc.), la asamblea debe disponer de «modelos operatorios»: un recitado para cantar los salmos, una aire conocido en el que se sitúan palabras sencillas para hacer un estribillo de oración universal, una cantinela que deje cierto margen a la improvisación, etc., permitirán dar a la celebración cierto carácter de novedad, de unicidad que complemente la repetitividad; el rito es siempre el mismo y siempre nuevo.

LA MUSICA INSTRUMENTAL

Aunque no son indispensables —en la iglesia oriental no se utilizan—, los instrumentistas hacen un verdadero servicio a la asamblea que celebra.

— **Acompañan** y por tanto facilitan el canto.

— Crean un **ambiente sonoro** para los ritos y «visten» el espacio.

— Enriquecen la celebración con la ejecución de **obras significantes**.

— Pueden a veces, de forma subsidiaria, **expresar la voz de la asamblea**.

— Pueden, finalmente, aportar la riqueza de un lenguaje más nuevo, que no podría utilizar la asamblea y que es significativo de la radical **novedad del evangelio**.

La audición

A este propósito, no olvidemos que **la audición es también una forma de participación**. Por la preocupación de hacer cantar a la asamblea, se ha impuesto muchas veces silencio a los instrumentos (y a la coral). Podemos distinguir, grosso modo, tres tipos de audición:

— La audición **distendida**. Lo mismo que, durante una recepción, amuebláis el espacio poniendo un disco, también el organista que toca una pieza antes de empezar la misa hace más acogedora a la iglesia y crea un clima.

— La audición **indirecta**. Es el caso de la música de un film. En la iglesia, la música que acompaña a una procesión o que sirve de fondo sonoro a las palabras.

— La audición **directa**. Aquí la música hace el rito. No se ha explorado aún bastante esta pista. Por ejemplo, durante una boda en la que la gente no canta, pedirle al organista que haga un gesto musical de aclamación después de intercambiar el consentimiento.

La música registrada

Hasta nueva orden, está prohibida en la liturgia la utilización **de medios electromecánicos de reproducción**. ¿A qué se debe esta prohibición?

Hoy resulta difícil observar esta norma. Pero no hemos de olvidar su espíritu; no hay nada que sustituya la presencia de personas en carne y hueso. Es real el peligro de una liturgia a base de apretar botones.

Además, este medio es de un manejo delicado. Hay que hacer olvidar la técnica (esos discos que chirrían o que se interrumpen brutalmente). Y poner los órganos solemnes del Pilar de Zaragoza en la iglesuela de una aldea suena a falso; y si está presente el organista, es una falta de delicadeza para con él.

En fin, sería una pena que la iglesia diera la imagen de unos grandes almacenes o simplemente de nuestras existencias modernas, en las que nadie puede prescindir del «grito musical»...

Al servicio de la asamblea

El animador de cantos

El animador cumple en parte la función tradicional del diácono (sobre todo en oriente), que consiste en poner en relación «el coro y la nave».

Ayuda a la asamblea a expresar su alma («anima» en latín), especialmente por medio del canto. Su trabajo consiste en pequeños servicios: señalar una página, iniciar el canto, pero también, si puede, ayudar a la asamblea en la ejecución del mismo, por medio del gesto.

En los cantos dialogados, si no hay coral, es el que canta los versículos, pero se calla cuando le toca cantar a la asamblea.

Ha de tener un papel eficaz y discreto: el primer animador es el presidente. Tiene que aprender a hacer todo lo que se necesita, pero no más, o sea, no intervenir más que cuando es indispensable. Así ganará en eficacia.

La coral

Es a la vez una parte de la asamblea y su pareja. Este doble papel ha de inspirar la elección de su sitio en la celebración.

Los cantores no deben olvidarse de que son el reflejo de la asamblea. ¡Dichosas las parroquias en las que dice la gente: «La coral también reza! ¡Y dichosa la coral en donde los cantores dicen: «El director también reza!».

Esta exigencia lleva consigo exigencias técnicas (partituras en orden, conocimiento exacto del programa, soltura de entonación al empezar, etc.), que no conocen las corales de concierto.

La coral está al servicio de la asamblea y tiene que facilitar su toma de palabra; por eso tiene que resistir a la tentación, siempre gratificante, de la polifonía, hasta que la melodía no esté bien asimilada por la asamblea. Tiene que saber renunciar a una pieza que le guste, si no se integra debidamente en el desarrollo de la celebración, etc.

Además de su función de pareja de la asamblea, enriquece, lo mismo que los instrumentistas, la celebración con nuevas significaciones.

El organista

No es el órgano el que toca, sino un(a) organista, una persona de carne y hueso, un creyente. Tiene que asociarse lo más posible a la preparación litúrgica y conocer suficientemente de antemano el desarrollo de la liturgia en sus menores detalles.

Hay que respetarle; saber, por ejemplo, que no se interrumpe tan fácilmente una fuga de Bach. Hay que buscar con él o con ella la explotación de todos sus talentos y las riquezas de su instrumento al servicio de la liturgia.

En una palabra, se espera del animador, de la coral y de los instrumentistas las cualidades propias de todo ministerio litúrgico.

20

Objetos y vestiduras

LOS OBJETOS

Los objetos rituales

Verdad en las palabras, verdad en las actitudes y en los gestos: ésta debe ser nuestra ambición permanente. Pero esto no puede conseguirse sin la verdad de los objetos rituales. La mayor parte son todavía una herencia de la liturgia preconciliar; muchos no llevan ya consigo ninguna significación o, más exactamente, dicen otra cosa distinta; desgajados de su función primitiva, tienen una forma que no corresponde ya a la liturgia actual. El Vaticano II nos ha librado de no pocas cosas, como el manípulo o las credencias del altar; razón de más para cuidar de los objetos indispensables: que sean estéticos, pero ante todo que sean **significantes**, ya que las dos cualidades van a la par.

Esto no exige una inversión económica considerable; es más bien cuestión de buen gusto, de vigilancia y hasta de astucia.

— El libro, que sea de tamaño respetable, quizás adornado con una imagen o revestido de una tela ornamental.

— La patena ha de ser un verdadero plato y no una tapadera para poner sobre el cáliz (¿a quién se le ocurre poner un plato sobre un vaso?).

— Los antiguos copones, que los fieles confunden a veces con el cáliz, no sugieren la imagen de una cesta de pan.

— Para el agua y el vino se encuentran fácilmente vasijas de cerámica, de tamaño adecuado y de aspecto más estético que las vinajeras.

— ¡Que la aspersión moje de verdad!

— ¡Que los cirios sean verdaderos cirios, aunque no sean tan abundantes!

— ¡Que el incensario dé humo! Si no, más vale omitir el gesto.

— ¿Para qué sirve ya la campanilla? Cuando se decía la misa en latín, había que dar con ella una señal para que se arrodillara la gente. Hoy ya no puede ser otra cosa más que un instrumento festivo, cuyo uso habría que reinventar...

— La cruz, procesional o no, será hermosa, de tamaño bien proporcionado, situada en su propio espacio.

En una palabra, ¿somos tan exigentes con los objetos de culto como con los que nos sirven cuando invitamos a nuestros amigos a venir a casa?

¿Y de qué significación —no ya en teoría, sino de hecho— son portadores? La OGMR se muestra muy amplia en la elección de las formas y de las materias; sepamos aprovechar esta amplitud.

LAS VESTIDURAS

Quizás no sea inútil recordar el **sentido de la vestidura litúrgica**. Por su distinción respecto a los vestidos cotidianos, es:

1) una **señal**: en un grupo se necesita distinguir a la persona que tiene una función específica;

2) un **símbolo**: quien la lleva es más que don Fulano; es el **signo vivo** de Cristo, que convoca y reúne.

Son dos indicaciones que han de orientar cualquier adaptación y renovación.

No es cierto que todas las vestiduras hablen a nuestros contemporáneos sin ciertas explicaciones arqueológicas que no entienden o sin una simbolización inventada *a posteriori* (así, el amito, que era al principio el pañuelo del cuello, se convirtió en el «casco de la salvación»). Por fortuna, el Vaticano II ha aligerado esa «panoplia» y se han hecho estudios para crear vestiduras que sean sencillas y significativas, más en consonancia con nuestra sensibilidad (¡ojo, en algunos comerciantes prevalece el negocio sobre cualquier otra consideración!)

Limpieza, sencillez, dignidad: tres cualidades de la vestidura litúrgica, que contribuyen a la verdad de lo que estamos celebrando.

21

El año litúrgico

Para el cristiano no hay tiempo sagrado y profano en sentido estricto, ya que «en todo tiempo y lugar» es «justo y necesario dar gracias a Dios».

Sin embargo, lo mismo que nuestra vida está marcada por los aniversarios, es natural que celebremos también de forma recurrente los misterios del Señor. Necesitamos del domingo y del año litúrgico, que pertenecen a lo «sagrado pedagógico» (p. 72).

Una pregunta de Gabriel (diez años): «¿Por qué se celebra navidad y pascua el mismo año? Deberíamos celebrar navidad y luego, a los 33 años, la pascua».

Aun cuando la pascua es la fecha aniversario de la muerte de Jesús (poco más o menos, ya que el calendario se ha modificado desde entonces), no es nunca para nosotros un puro aniversario, sino una **forma concreta y pedagógica de celebrar el misterio pascual** que tenemos que vivir todos los días.

Por otra parte, nuestro año litúrgico se vive de manera muy distinta de como se vivían los ciclos anuales que celebraban los cultos paganos (y que hoy volvemos a encontrar en la secularización de las fiestas de navidad en invierno y de pascua en primavera).

En el culto pagano se trata de un ciclo cerrado sobre sí mismo, más o menos marcado de fatalismo y, en el fondo, estático, mientras que para el cristianismo la historia tiene un sentido, va hacia alguna parte, hacia una consumación.

tiempo pagano

Pero como nuestra existencia está también marcada por el ciclo anual, se podría modificar el esquema anterior en forma de espiral, en la que cada anillo representaría un año.

tiempo cristiano

Todos los años volvemos a celebrar los mismos misterios (aniversario), pero como los celebramos intentando vivirlos, vamos progresando hacia el final de los tiempos. **La historia de la salvación es la de un pueblo en marcha; es un tiempo que va de la creación a la nueva creación**, y este mundo nuevo se construye en el presente del hombre, día a día y año tras año. **Estamos situados entre dos polos**: la venida del Señor entre nosotros y su pascua histórica, por una parte, y su retorno en su pascua definitiva, por otra.

Una revolución

La iglesia de los apóstoles se distinguió enseguida de la tradición judía sustituyendo el sábado por el día siguiente, **el primer día de la semana** (no el último, como lo harían pensar nuestras costumbres modernas), para señalar así que la resurrección de Cristo inauguraba un tiempo nuevo: a las revoluciones siempre les ha gustado cambiar el calendario... Además, ese primer día de la semana, que pronto se llamó «día del Señor» (*dies dominica* = domingo) (Ap 1, 20), término que evocaba a su vez el «día de Yahvé» (ved vuestra biblia), estaba cargado del simbolismo de la creación. Con el resucitado había nacido un mundo nuevo. En este sentido, ciertas tradiciones lo llamaron también «día octavo»: ¡a mundo nuevo, tiempo nuevo! Además, en el mundo romano, era el «día del sol»: no se podía soñar nada mejor.

Una pascua semanal

El domingo es una **pascua semanal**. La insistencia que muestran los evangelistas en señalar que el resucitado se manifiesta a la iglesia reunida en asamblea el primer día de la semana lo demuestra ampliamente.

En los primeros siglos hay que señalar que el domingo era día laboral y que los cristianos tenían que realizar un esfuerzo para reunirse. Por eso lo hacían de noche, como vemos en Hch 20, 7 (volvemos a encontrarnos con este aspecto en nuestro domingo secularizado, cuando para ir a misa hay que renunciar muchas veces a toda clase de actividades; los cristianos que viven en países islámicos conocen esta misma situación).

Por tanto, el descanso no es lo esencial del domingo...

El día del Señor en la biblia

— primera creación: luz	«Dijo Dios: ¡Hágase la luz! Y se hizo la luz; hubo tarde, hubo mañana: día primero» (Gn 1).
— resurrección	«El primer día de la semana, María Magdalena acudió temprano al sepulcro...» (Jn 20, 1).
— manifestación del resucitado a la asamblea de discípulos	«La tarde de aquel día, el primero de la semana... llegó Jesús y se puso en medio de ellos» (Jn 20, 19).
— la iglesia celebra la eucaristía	«A los ocho días, vino Jesús y se puso en medio de ellos» (Jn 20, 26)
	«El primer día de la semana, estábamos reunidos para la fracción del pan» (Hch 20, 7).
— y manifiesta su amor fraterno	«En cuanto a la colecta por los santos... que el primer día de la semana aparte cada uno lo que haya podido ahorrar, de modo que no esperéis mi llegada para recoger los donativos» (1 Cor 16, 2).
— preparando el día de la vuelta del Señor	«La noche avanzó. El día está cerca. Dejemos las obras de las tinieblas y vistámonos de las armas de la luz» (Rom 13, 12).

El día de la asamblea eucarística

Hay un vínculo muy estrecho entre iglesia-asamblea-domingo; por otro lado, éste es el título de una comunicación de monseñor Coffy en la Asamblea plenaria de Lourdes de 1976 que se leerá con provecho (*Construire l'Eglise ensemble*. Centurion, París, 101-142).

EL AÑO CRISTIANO

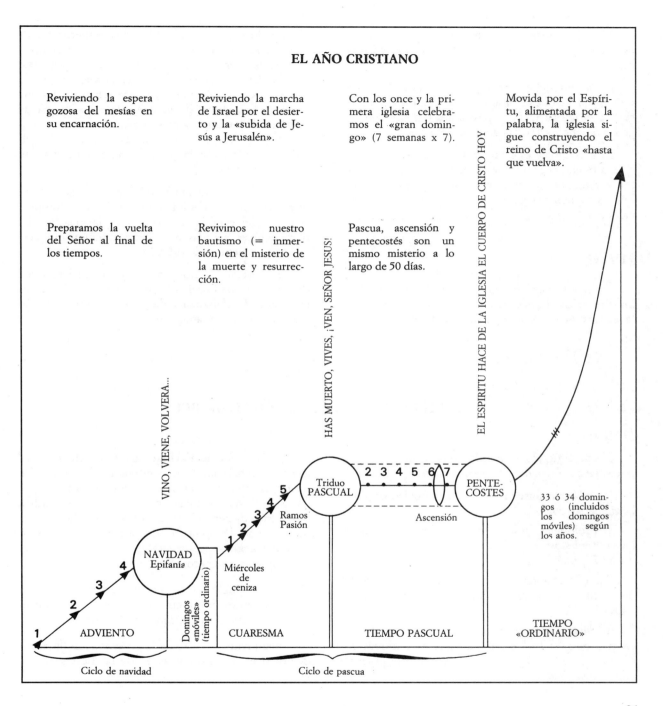

Reviviendo la espera gozosa del mesías en su encarnación.

Reviviendo la marcha de Israel por el desierto y la «subida de Jesús a Jerusalén».

Con los once y la primera iglesia celebramos el «gran domingo» (7 semanas x 7).

Movida por el Espíritu, alimentada por la palabra, la iglesia sigue construyendo el reino de Cristo «hasta que vuelva».

Preparamos la vuelta del Señor al final de los tiempos.

Revivimos nuestro bautismo (= inmersión) en el misterio de la muerte y resurrección.

Pascua, ascensión y pentecostés son un mismo misterio a lo largo de 50 días.

EL ESPIRITU HACE DE LA IGLESIA EL CUERPO DE CRISTO HOY

HAS MUERTO, VIVES, ¡VEN, SEÑOR JESUS!

VINO, VIENE, VOLVERA...

Triduo PASCUAL

PENTE-COSTES

2 3 4 5 6 7

Ramos Pasión

Ascensión

5

1 2 3 4

NAVIDAD Epifanía

4

3

Miércoles de ceniza

33 ó 34 domingos (incluidos los domingos móviles) según los años.

2

Domingos «móviles» (tiempo ordinario)

1

ADVIENTO

CUARESMA

TIEMPO PASCUAL

TIEMPO «ORDINARIO»

Ciclo de navidad

Ciclo de pascua

91

No se trata de ir el domingo a «oír» la misa y estar en regla con Dios, sino que se va a hacer asamblea.

Durante mucho tiempo, **esta asamblea local fue única**, por razones simbólicas (la asamblea es el lugar de la iglesia local) y pastorales (en ella convergen y de ella parten las actividades eclesiales).

Esta asamblea es de **naturaleza eucarística**; aunque falte el sacerdote y no pueda haber una eucaristía sacramental, de todas maneras se celebra la palabra y se le dan gracias a Dios (cf. asambleas dominicales sin sacerdote).

¿Y hoy?

Ya hemos suscitado la cuestión de la *multiplicidad de misas*. Podemos también preguntarnos por la extensión del domingo al sábado por la tarde.

Hemos de alegrarnos, debido a los numerosos cristianos que no pueden acudir el domingo por razones serias. Pero ya hay algunos, incluso pastores, que hablan de anticipar la misa al viernes por la tarde, antes de salir para el fin de semana... Es una cuestión más grave de lo que parece; a fuerza de ampliar el domingo, ¿no se perderá su fuerza simbólica? En todo caso, sean cuales fueren las dificultades, está claro que la iglesia ha mantenido siempre este núcleo original.

El domingo era también antes la ocasión para otras reuniones distintas de la misa (vísperas). A pesar del cambio de ritmo y de la invasión del tiempo libre, algunas parroquias intentan hoy restaurar este tiempo de oración.

El cristiano de hoy ¿puede y quiere hacer del domingo un **día iluminado por la resurrección e impregnado de alabanza y de gozo**? Es una cuestión que vale la pena plantearse.

EL MISTERIO PASCUAL Y EL AÑO LITURGICO

El año litúrgico se ha ido construyendo poco a poco (véase el cuadro) en varios ciclos:

1. **El ciclo pascual** tiene como núcleo original la *vigilia pascual*.

Se prolonga a lo largo de los 50 días que llegan hasta *pentecostés* (*pentecostés* significa «50»), es decir, 7 semanas de 7 días.

Como preparación, se va formando un período de 40 días, la *cuaresma* (del latín *quadragesima* = «40»).

Al mismo tiempo, la vigilia pascual se planifica en tres días, el *triduo pascual*, que a continuación dio origen al *domingo de ramos* y por consiguiente a la *semana santa*.

2. **El ciclo de navidad**. La fiesta de *navidad* (*nativitas* o natividad) no nació hasta el siglo IV. De hecho, era una manera de recuperar las fiestas paganas del solsticio de invierno, ya que nada nos indica que Jesús naciera el 25 de diciembre. Lo mismo ocurrió con la *epifanía* (del griego *epiphania* = «manifestación») en oriente, donde se celebraba el solsticio el 6 de enero.

Hacia el siglo VI, lo mismo que ocurrió con la cuaresma antes de pascua, se empezó a celebrar el *adviento* como preparación para la navidad.

Finalmente, la fiesta de la *presentación* (la «candelaria») es una prolongación de las fiestas de navidad.

Incluso en navidad, celebramos el misterio pascual

No hay que perder de vista la pascua semanal; tanto si es el primer domingo de adviento, como el día de epifanía o el domingo 27 del tiempo ordinario, **celebramos siempre a Jesucristo muerto y resucitado**. Cristo resucitado es el astro que ilumina todo nuestro año, y es él el que hace brillar, a lo largo de los domingos y de las fiestas, cada una de las facetas del misterio de la fe.

Las consecuencias pastorales de este hecho son innumerables. Pongamos el ejemplo de navidad, fiesta popular, considerada desgraciadamente como más importante para el pueblo que la pascua. Una celebración que no «despegara» de la imagen del niño Jesús no iría en el sentido de la fe; es verdad que el simbolismo de navidad es bueno y hermoso, pero se vería gravemente mutilado si no se contemplase al mismo tiempo el destino del Hombre-Dios, que adquiere toda su dimensión en el sacrificio pascual. Por otra parte, si nos fijamos en los datos de la liturgia, no podemos mutilar el misterio de navidad, ya que celebramos en él la eucaristía que es la pascua de Cristo.

El año litúrgico es una anámnesis perpetua. Todas las fiestas se celebran en las tres dimensiones del tiempo: ayer, hoy y mañana. Por ejemplo, navidad: vino hace 2.000 años, viene hoy a nosotros (por la iglesia, por la conversión...), volverá algún día.

A LO LARGO DEL AÑO

No tenemos sitio para entrar detalladamente en el estudio de cada fiesta; remitimos al lector a su misal y a las introducciones que podrá leer allí, o a otras obras.

Queremos simplemente subrayar el espíritu de estas fiestas, a partir de los ritos esenciales.

1. El **adviento**, del latín *adventus* (llegada), en griego *parusía*, que designaba el acto de sacar a la estatua divina del templo para que la contemplase el pueblo. Este término de *parusía* designa en nuestro vocabulario cristiano la vuelta de Jesucristo al final de los tiempos. Esto ilumina el espíritu de adviento, que es una mirada a la vez hacia la navidad y hacia el regreso de Cristo: «Preparad los caminos del Señor».

Tiempo de preparación, el adviento ha sido siempre menos austero que la cuaresma. El tercer domingo llega incluso a vibrar de gozo.

2. **Navidad, epifanía, el bautismo de Jesús**. La primera es más importante en oriente, la segunda en occidente. Pero estas tres fiestas no son suficientes para explotar toda la riqueza del misterio de Dios hecho hombre.

Navidad insiste más en el nacimiento humano de Cristo, en su manifestación a los «pobres» (José, María, los pastores).

Epifanía insiste más en la manifestación de Jesús como Hijo de Dios a todas las naciones (los magos). Es la fiesta de la universalidad de la iglesia.

El bautismo es la manifestación de Jesús como Hijo de Dios al comienzo de su misión, que le llevará hasta pascua.

3. **La cuaresma**. En su origen, era el tiempo en que muchos cristianos ayunaban voluntariamente durante algunos días; así se convirtió en el tiempo en que los catecúmenos se preparaban para el bautismo y los penitentes para la reconciliación. Pasó luego a ser para toda la iglesia el tiempo de la conversión y de la meditación de la palabra de Dios, el tiempo en que vuelven a contemplarse los grandes

símbolos del bautismo (evocados a menudo por los evangelios).

Tiempo fuerte de la iglesia, especie de «retiro» colectivo, en el que vuelve a vivir su bautismo asociándose al combate de Cristo. La cuaresma dura cuarenta días: cuarenta, en la biblia, es el tiempo de la prueba (diluvio, los hebreos y luego Jesús en el desierto), el tiempo de una generación en que el hombre puede transformarse.

Comienza unos días antes con el rito de la *ceniza*, destinado antiguamente a los penitentes que se veían durante algún tiempo excluidos de la asamblea, lo mismo que Adán se vio excluido del paraíso (de ahí la fórmula: «Recuerda que eres polvo...»). Esta puede ser hoy una de las más hermosas celebraciones penitenciales...

4. La semana santa

a) Comienza por el *domingo de ramos*. También aquí está presente el doble dato muerte-resurrección: se empieza por el triunfo de los ramos, anunciador de la pascua, para proseguir luego con la celebración de la pasión y terminar con la eucaristía. Y dicen que la liturgia no es cartesiana...

b) El *triduo pascual*: jueves, viernes y sábado santos. Forman un todo que tiene su cima en la vigilia (y no en el domingo). Hay que pensar en ello en la pastoral y en la forma de celebrar (utilizar las repeticiones; por ejemplo, la misma cruz, el mismo canto, utilizados los tres días).

— El *jueves santo*: en el centro, la institución de la eucaristía, nueva pascua, y su traducción en el gesto del lavatorio de los pies (simplemente proclamado o incluso representado).

— El *viernes santo*: síntesis de dos tipos de oficios, uno occidental (la pasión) y otro oriental (veneración triunfal de la cruz). Se ha conservado la tradición antigua de no celebrar la eucaristía; se contenta la liturgia con la comunión.

— El *sábado santo*: ritos del fuego y de la luz (simbolismo luz / tinieblas).
— Liturgia desarrollada de la palabra.
— Liturgia bautismal.
— Liturgia eucarística.
— Agapes.

c) Los *cincuenta días de pascua*. Se abre entonces la semana grande, la semana de siete semanas que conduce hasta pentecostés: es el «gran domingo».

Tan solo más tarde se rompió la unidad de esta cincuentena con la fiesta de la *ascensión*, que es una forma más de celebrar la resurrección (véase Jn 20, 17).

d) *Pentecostés* (*pentecosta* = cincuenta). En el Antiguo Testamento era la fiesta de la cosecha; según san Lucas, es el día en que nace la iglesia bajo el poder del Espíritu y en que es enviada al mundo (en san Juan todo esto ocurre inmediatamente después de la resurrección: cf. Jn 20, 21-23).

5. **El tiempo ordinario**. Son todos los demás domingos. Dada la movilidad del tiempo de pascua, entre los dos ciclos de navidad y de pascua se coloca un número mayor o menor de domingos. Se celebra en ellos el misterio pascual con diversas consideraciones de la palabra de Dios. Los últimos se orientan claramente hacia la vuelta de Cristo. En cierto modo anticipan el tiempo del adviento.

6. **Las fiestas ligadas al calendario civil**. Fuera del año litúrgico existe lo que se llama el *santoral*, es decir, las fiestas de los santos.

Son secundarias respecto a los domingos y a los dos ciclos mencionados, excepto algunas que pueden suplantar a un domingo ordinario.

III
LA LITURGIA
EUCARISTICA

Hemos visto cómo la asamblea es ya por sí misma símbolo de la obra divina realizada a lo largo de la historia: lleva a cabo la reunificación de la humanidad salvada. Pero es a través de la celebración cristiana esencial, la eucaristía, como se hace plenamente sacramental: significa y realiza la alianza.

Es lo que manifiestan los diferentes ritos cuya significación vamos a describir a continuación.

Los nombres de la celebración eucarística

Missus, «enviado»: este término designaba antes, según algunos autores, el comienzo de la liturgia eucarística, de la que se despedía a los catecúmenos. De ahí la palabra **misa**, que designaba así el comienzo de la celebración. Y acabó significándolo todo. Es una pena, porque las expresiones del Nuevo Testamento eran más sugestivas:

— La **cena del Señor** (1 Cor 11, 20-33).

— La **fracción del pan** (Lc 24, 36; Hch 2, 42-46).

— También se hablaba de **eucaristía (acción de gracias)** (Lc 24, 30; 1 Cor 11, 24; Hch 27, 35), término que ya se usaba en el ritual judío.

En el siglo II, **eucaristía** designa claramente el sacramento del pan y del vino. También se habla de **sacrificio** y de **ofrenda** (*oblatio*).

En griego, ofrenda se dice **anáfora** («llevar hacia arriba»). Por eso los orientales llaman a la oración eucarística **anáfora**. También hablan de **synaxis** (asamblea, sacramental o no), de **liturgia** (culto público) y a veces de **kyriale** (la «dominical») para designar la celebración del domingo.

En occidente tenemos también la palabra **colecta** (reunión).

La realidad designada es siempre la asamblea que da gracias en la ofrenda de Cristo.

22

Hacer asamblea

Un tiempo importante de acogida

Cuando vienen nuestros invitados a comer, no los pasamos enseguida a la mesa. Es importante el tiempo de acogida. Hay unos ritos: disposición de la sala de recepción, luz, música, flores. Después de acogerlos, el aperitivo permite que los invitados tomen contacto entre sí. Se saludan unos a otros y se comentan las novedades del momento; el ama de casa evita intervenir demasiado en esa primera charla.

Es lo que ocurre también con la reunión litúrgica. Por razones psicológicas evidentes, ¿cómo vamos a descuidar este proceso, si creemos que la asamblea es «el primer signo» (véase c. 9)? Además, si nos fijamos en las indicaciones del misal, vemos que es ése el sentido de los ritos que propone al comienzo de la eucaristía.

¡Llegar a tiempo!

Antes del Vaticano II, se hablaba de la «antemisa», lo cual equivalía a devaluar comparativamente todo lo que precedía a la misa propiamente dicha, que comenzaba con el ofertorio. Bastaba con llegar en aquel momento para cumplir con el precepto dominical.

Todavía duran las consecuencias de esta forma de ver las cosas: que los fieles consideren como poco importante el tiempo de la acogida y del anuncio de la palabra. ¡Dichosas las parroquias en que se oye decir: «Me molesta llegar tarde. Siento que me ha faltado algo»!

La liturgia eucarística y la liturgia de la palabra están «tan estrechamente unidas entre sí que constituyen un solo acto de culto» (OGMR 8). Pero ¿cómo entrar plenamente incluso en la liturgia de la palabra si se pasa por alto el tiempo de la acogida, ese tiempo en que se constituye la comunidad?

«Reunido el pueblo... se da comienzo al canto de entrada» (OGMR 25)

• ¡Cuando se ha reunido el pueblo! ¿Está reunido de verdad? ¿Se ha fomentado previamente esta reunión?

— Los fieles llegan a la iglesia: ¿se encuentran con alguna cara amiga (el sacerdote, un laico que les da el manual de cantos o les tiende la mano)?

— ¿Adónde llegan? ¿Es un lugar acogedor? (cf. p. 80). ¿Se ha pedido al organista que «sonorice» el espacio? ¿Favorece el ambiente el repliegue dentro de sí mismo o, por el contrario, la sonrisa al vecino, la palabra cariñosa, siempre dentro del recogimiento necesario para la celebración cristiana...?

— Cuando se va a empezar ya la reunión, el animador ¿da los buenos días como se hace en cualquier otra reunión, o empieza lanzando un: «Abrid por la p. 147»? Se trata de entrar en comunión y no de comenzar una laboriosa lección de canto.

• El **canto de entrada** (o mejor dicho, de apertura) es algo así como un canto-aperitivo (del latín *aperio* = «abrir»). Es el medio más habitual y el más inmediato para «hacer algo todos juntos»: abre las bocas, abre los corazones, pone en movimiento los cuerpos, el cuerpo, ese instrumento primero e indispensable de la celebración (cf. p. 16 y 83). Este es el primer objetivo del canto de entrada:

«abrir la celebración y fomentar la unión de quienes se han reunido» (OGMR 25). La experiencia dice que hay que escoger entonces un canto bien conocido o, por lo menos, fácil de cantar.

Al mismo tiempo, ese canto tiene la función de *elevar los pensamientos a la contemplación del misterio litúrgico o de la fiesta»* (OGMR 25), por su contenido o por el uso litúrgico que de él se hace (por ejemplo, un canto de adviento, si se reserva para ese tiempo, podrá servir de señal). Pero si hay contradicción entre las dos funciones de hacer-asamblea y de introducir en el misterio del día, no hay duda de que hay que dar mayor importancia a la primera, que es capital para lo que sigue en la celebración.

• Después del canto, *«el sacerdote y toda la asamblea»* hacen la **señal de la cruz**. Segundo gesto simbólico, consigna de los cristianos que se reconocen por este signo trinitario. Pero es preciso que este signo no sea una mera señal. Recordémoslo: en nuestra juventud, en el catecismo, al empezar las clases, al salir a la calle —algunos futbolistas al comenzar el partido—, «En el nombre del Padre» era la señal de comenzar una nueva actividad: «seamos serios, la cosa va a comenzar». Para darle a este gesto toda su dimensión de fe, bastará con modificar ligeramente su presentación (véase p. 24), introduciéndolo por ejemplo de este modo: «Empecemos haciendo la señal de nuestra fe», o, quizás ocasionalmente, haciéndolo con más lentitud o incluso desplazándolo para otro momento.

• *«A continuación, el sacerdote, por medio del saludo, manifiesta a la asamblea reunida la presencia del Señor»* (OGMR 28). La asamblea cristiana, como hemos visto (p. 48), es un cuerpo orgánico. Es lo que significa este diálogo inicial. En un diálogo siempre hay dialogantes, personas que comparten unos sentimientos: aquí se trata por un lado de la asamblea y, delante de ella, de aquel que, en su seno, tiene el ministerio de ser signo de Dios que convoca a su pueblo.

El sacerdote puede utilizar, «por ejemplo», una de las tres fórmulas más o menos desarrolladas que presenta el misal [1].

• *«Terminado el saludo, el sacerdote u otro ministro idóneo puede hacer a los fieles una brevísima introducción sobre la misa del día»* (OGMR 29).

¿Qué es introducir sino hacer pasar a la asamblea de lo cotidiano a la celebración, «de la calle al amén», según una fórmula de J. Gelineau. Es lo mismo que hace la dueña de la casa (p. 53). Establecer un vínculo: ministerio del sacerdote... Pero en algunos casos puede ser muy elocuente y significativo para el pueblo de Dios que sea un laico el que sustituya aquí al sacerdote.

• Viene luego la **preparación penitencial**. Presentada libremente por el sacerdote, puede hacerse según varias fórmulas Este rito y sobre todo la importancia que ha tomado en la práctica de nuestras parroquias merece algunas reflexiones.

En efecto, se comprueba que muchas veces es objeto de una inflación. ¿No es significativo que a veces se cante en este rito, mientras que se contenta con recitar el Gloria? Peor aún, su contenido resulta a veces culpabilizante (incluso algunos misales caen en esta trampa).

Y esto parece que va contra el sentido común.

— En primer lugar, contra el sentido común psicológico: acaban de llegar, están contentos de estar reunidos en el nombre del Señor y he aquí que, de pronto, alguien les dice unas cuantas verdades. Pensamos en la fórmula famosa de Péguy que les reprocha a los cristianos que a menudo se pasan el tiempo «limpiándose los pies» a la entrada del templo. Por esta razón, el ritual del matrimonio prevé una posible reducción del rito de apertura y hasta su supresión (lo que no quiere decir, desde luego, que no necesitemos reconocernos pecadores).

— También va en contra del sentido común evangélico. No es nuestra mirada de culpables ni nuestro remordimiento por haber fallado a la imagen ideal de nosotros mismos lo que nos conviene. Lo que nos reconcilia es la palabra de Dios, el oír y contemplar al Dios de amor. Es la palabra de Dios la que me revela mi pecado; y aquí reconocemos el proceso fundamental del sacramento de la reconciliación.

Por tanto, aquí no se trata tanto de hacer un «examen de conciencia» como de tomar conciencia global de nuestra situación ante un Dios que nos ama, que es el santo, el totalmente distinto, y por tanto de nuestra necesidad de salvación. Somos un pueblo de pecadores salvados. Este acto, de tanto interés pastoral, es ciertamente esto, pero nada más que esto. Y es lo que expresan las fórmulas más nuevas del misal de Pablo VI: «Tú que has sido enviado por el Padre para... ¡ten piedad de nosotros!», o bien: «Tú que estás a la derecha del Padre para atraernos hacia él, ¡bendito seas! ¡Ten piedad de nosotros!». La penitencia es ante todo una mirada al Otro.

— Después de la preparación penitencial, viene el **Kyrie, eleison** (a no ser que se haya utilizado la tercera fórmula), *«un canto con el que los fieles aclaman al Señor y piden su misericordia»* (OGMR 30). Esta expresión griega, órgano-testimonio de una letanía que hoy ha desaparecido y que fue muy utilizada al comienzo de la celebración por su carácter entonces muy popular, significa: «¡Señor (se trata de Cristo resucitado), ten piedad!». Algunos se extrañarán de que venga después de la absolución: ¿no invita la lógica a realizar un pequeño desplazamiento? Sea lo que fuere, esta aclamación es preciosa y podría ser más utilizada para puntuar las invocaciones de los formularios 2 y 3.

---

[1] A veces se dice que no es comprensible la fórmula «Y con tu espíritu». ¿Es esto grave? A veces, al decir «buenos días», ¿se piensa en un «buen día»? Se funciona en otro nivel... El saludo «El Señor esté con vosotros» nos viene de la biblia (por ejemplo, Rut 2, 4, o Lc 1, 28, en la anunciación).

— El Gloria es también un himno muy antiguo. **Himno trinitario**, sirvió al principio para la fiesta de navidad y luego se fue extendiendo progresivamente a las fiestas y a los domingos, fuera de los tiempos penitenciales, precisamente como signo festivo.

Quien dice himno, dice música, al menos en las grandes asambleas. ¿Os imagináis, después de un mitin comunista, que el que preside invitara a los asistentes a «recitar la Internacional»? La práctica más normal es cantar el Gloria, todos juntos o en coros alternativos, entre dos partes de la asamblea o entre el pueblo y la coral, pero no, como a veces se hace, entre el sacerdote y la asamblea, ya que en ese momento el sacerdote debe formar parte de la asamblea.

— Viene, finalmente, como en la conclusión de todos los grandes ritos, una **oración presidencial**, llamada oración de apertura. El presidente invita primero a orar y *«todos, a una con el sacerdote, permanecen un rato en silencio para hacerse conscientes de estar en la presencia de Dios y formular interiormente sus súplicas»* (OGMR 32). Hay que llamar aquí la atención sobre este silencio; si no hay verdadero silencio, no tiene sentido la invitación: «Oremos»...

Esta oración, llamada también colecta, *«expresa la índole de la celebración»* (OGMR 32). Ya hemos evocado el problema que constituyen muchas de las oraciones actuales (p. 53); prescindimos ahora de este hecho. En todo caso, la colecta debe —¡debería!— reanudar toda la dinámica del rito de apertura, reuniendo en un solo haz todos estos elementos y orientándonos hacia ese Dios que nos reúne para alimentarnos con su palabra y con su pan. El pueblo hace suya esta súplica respondiendo **Amén**.

El sentido del rito de apertura

Así, desde el instante en que el pueblo se reúne hasta el amén final, todos los ritos contribuyen, cada uno según un acento diferente, a **hacer la asamblea del Señor**, es decir:

— a reconocernos como hermanos, miembros de Cristo;

— a manifestar que somos un solo pueblo, un solo cuerpo;

— un cuerpo estructurado, organizado;

— a situarnos, en Jesucristo, ante un Padre que nos salva.

Además, la apertura debe **«introducirnos en la misa del día»**. Esta necesidad varía según las situaciones pastorales. Se puede realizar una apertura casi «neutra» (tal es el caso, sobre todo, de las asambleas monásticas en las que sólo varían el canto de apertura y la colecta).

Pero, de ordinario, sobre todo los domingos en las parroquias, será conveniente «colorear» el desarrollo ritual con el misterio del día: el canto, si es posible, la acogida, el acto penitencial y la oración final; y hasta es de desear que la decoración (flores, imágenes, carteles, etc.) vaya en el mismo sentido.

¡Pero, cuidado! La **apertura no es un resumen de la celebración** como suelen ser las oberturas de una ópera. Hay que evitar los discursos como: «Inmediatamente, san Pablo nos dirá que...». No; se trata de preparar el buen terreno en que se sembrará la palabra del día (el labrador no utiliza cualquier tierra para su semilla). La apertura es el tiempo del despertar, de la sensibilización, el tiempo de la convocación, y puede ser también el tiempo de la provocación.

En las asambleas dominicales sin sacerdote

El rito no difiere sustancialmente del de la misa, pero cabe la posibilidad de simplificarlo con vistas a una mayor eficacia:

— acogida mutua (quizás acogida de los no-habituados);

— convocatoria;

— canto;

— oración de la colecta.

Convendrá situar el rito penitencial más adelante, bien sea en la liturgia de la palabra, bien en el rito de comunión (antes o después del Padrenuestro). En cuanto a la convocatoria, puede hacerse de la forma siguiente:

— Se trae la cruz procesional («Estoy en medio de ellos») y se hace la señal de la cruz.

— Se dice, no un saludo, sino una bendición, por ejemplo: «Que nos bendiga Dios, Padre de nuestro Señor Jesucristo y nos reúna en la comunión del Espíritu Santo. Amén».

Lo que dice la experiencia

Son muy ricas las propuestas del misal para iniciar la celebración.

Pero la medalla tiene también otra cara. La experiencia dice que se notan demasiados duplicados: entre la palabra de acogida y la que introduce el acto penitencial, entre el silencio de este último rito y el de la colecta, entre la señal de la cruz y el saludo trinitario, entre el acto penitencial y las frases de súplica dentro del Gloria, etc. Molesta sobre todo la multiplicidad de elementos rituales en tan poco tiempo. Y más aún la multiplicación de los cantos (¡tres por lo menos!) que la asamblea no tiene tiempo de asimilar y de saborear plenamente. ¡Apenas comienza un plato, lo sustituyen enseguida por otro! Se añora la simplicidad de las liturgias primitivas, que todavía hoy encontramos el viernes santo.

Un Gloria cantado con amplitud, un trisagio (triple aclamación cantada al Dios tres veces «santo», seguida del Kyrie) bastarían muchas veces como canto único. En algunas asambleas, un silencio bien introducido, acompañado quizás de una inclinación profunda, expresaría perfectamente la actitud penitencial, etc.

¿Qué hacer, por otra parte, con algunos cantos de creación moderna, cuya amplitud es ya suficiente para constituir la asamblea y después de los cuales puede resultar molesto y superfluo el canto del Gloria?

La experiencia demuestra además que es interesante, cuando se puede, unificar musicalmente toda la apertura. Algunos cantos se prestan a ello, pues sus estrofas o versículos pueden ir puntuando cada uno de los ritos particulares.

Finalmente, aunque algunos discuten estas observaciones, es interesante señalar que el **Directorio** (romano) **para las misas de niños** indica que no hay que destruir el objetivo que se pretende «por la acumulación de ritos» y que, «por consiguiente, se permite a veces omitir un elemento o desarrollar otro».

Y, además, dice este documento: «Siempre habrá al menos un elemento de introducción que habrá de acabar con la colecta».

Es ésta una preciosa indicación para todos los que tienen que hacer opciones pastorales, para respetar ante todo el espíritu y no la letra del misal.

23

Celebrar la palabra

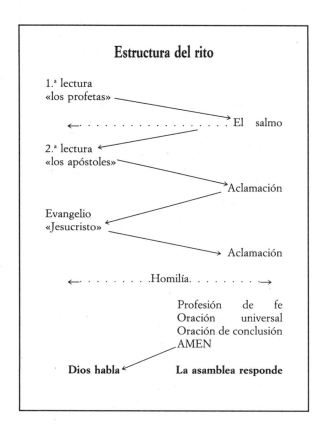

Estructura del rito

1.ª lectura
«los profetas»

El   salmo

2.ª lectura
«los apóstoles»

Aclamación

Evangelio
«Jesucristo»

Aclamación

.Homilía.

Profesión   de   fe
Oración   universal
Oración de conclusión
AMEN

Dios habla   **La asamblea responde**

Para resaltar mejor la estructura del rito de la palabra, disponemos de este modo el esquema de su desarrollo: la liturgia de la palabra es un **diálogo entre Dios y su pueblo reunido**. Cualquier liturgia en la que estuviera mudo uno de los dialogantes dejaría de ser una liturgia cristiana.

Este esquema simplifica adrede las cosas. Por ejemplo, el salmo es también palabra de Dios; algunos cantos sustitutivos son tanto anuncio como respuesta. La homilía podría situarse en las dos columnas: prolonga, actualiza, desarrolla el anuncio y expresa al mismo tiempo la respuesta del creyente.

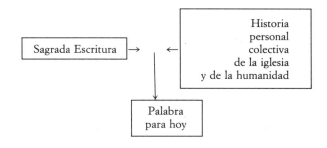

Sagrada Escritura

Historia
personal
colectiva
de la iglesia
y de la humanidad

Palabra
para hoy

No es seguro que la biblia nos hable por sí misma. Fue escrita por y para creyentes de otras épocas. Muchas veces es para nosotros como un libro cerrado. No todos la leen para oír en ella una palabra viva; lo demuestra el número de lectores de todo el mundo que la leen como si fuera el *Poema del mío Cid* o el *Quijote*...

Por otra parte, se dice muchas veces que Dios nos habla por medio de los acontecimientos. Es cierto. Pero ¿cómo oiríamos a Dios en nuestra vida si no existiera la palabra revelada, es decir, Jesucristo?

Del encuentro entre el Libro y la vida es de donde brota una palabra para hoy. Es la experiencia del cristiano que, meditando el mismo texto con varios meses o años de intervalo, encuentra allí algo nuevo; el texto no ha cambiado, pero el creyente sí que ha vivido y evolucionado. Lo mismo ocurre en nuestras liturgias: podemos escuchar cada tres años o el mismo año la proclamación del mismo pasaje bíblico, gracias sobre todo a la homilía, cuyas formas estudiaremos más adelante (p. 118), y siempre será para nosotros una palabra para hoy, una Buena NUEVA.

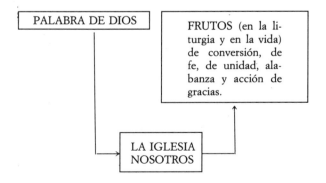

Un tercer gráfico nos permitirá además ilustrar el sentido profundo de este rito. Se apoya en una imagen del profeta Isaías (55, 1-11): *«La lluvia y la nieve que bajan del cielo no vuelven allá sin haber empapado la tierra, sin haberla fecundado y hecho germinar, para dar la semilla al sembrador y el pan al que come; lo mismo mi palabra, que sale de mi*

Raíces bíblicas

Nuestra liturgia de la palabra tiene su raíz en la biblia. En el Antiguo Testamento, algunos grandes textos ilustran perfectamente el proyecto de nuestra iglesia de hoy. ·

Repasar las páginas ya citadas (p. 31) sobre la asamblea, sobre todo las de la renovación de la alianza:

— Jos 24: Josué recuerda lo que Yahvé ha hecho por su pueblo y éste vuelve a escoger a Yahvé como su Dios.
— 2 Re 23: Josías lee el libro de la alianza.
— Neh 8: al volver del destierro, se encuentran los rollos de la ley.

Se nos describe detalladamente la solemne liturgia: Esdras, sobre un estrado de madera (¿nuestro ambón?), desde donde domina al pueblo, «lee en el libro, traduciendo y señalando el sentido: así se comprendía la lectura» (¿nuestra homilía?).

Nuestra liturgia actual es ciertamente una herencia de la liturgia sinagogal. La alusión más significativa es la que hace el evangelio de Lucas (4, 16s.), donde Jesús (¡un laico!) proclama la Escritura y pronuncia la homilía: «Hoy se cumple este pasaje de la Escritura».

En resumen, en la liturgia cristiana primitiva aparecen estas constantes:

— proclamación de la Escritura, seguida de comentario;
— canto de salmos (y de himnos);
— oración del pueblo;
— oración presidencial.

boca, no volverá a mí sin resultado, sin haber hecho lo que yo quiero, sin haber cumplido con mi misión».

Esta imagen de Isaías la aplicó luego toda la tradición cristiana al mismo Jesús, palabra de Dios venida del cielo a nuestra tierra.

Y se aplica maravillosamente a lo que debe ser en profundidad la liturgia de la palabra. Ya que lo mismo que el Verbo (= la palabra) se hizo carne y tomó cuerpo en nuestra humanidad, también hoy la palabra de Dios **toma cuerpo** en su iglesia.

Pero volvamos a la imagen del profeta. La palabra **vuelve a brotar en frutos de conversión** (esto es aún más manifiesto en una liturgia penitencial), **de fe** (simbolizada en el credo), **de unidad** (una de sus manifestaciones es la oración universal en la que se pide por todos los hermanos), **de alabanza y acción de gracias** (tal es, sin duda, la eucaristía, sacramental o no).

Esta eficacia de la palabra, simbolizada a través de los ritos litúrgicos, se verifica también en la vida cotidiana del creyente y de la iglesia. Gracias a ella, ponemos nuestra vida en la longitud de onda de Dios; gracias a ella, llevamos con Jesucristo la preocupación por nuestros hermanos; gracias a ella, vivimos «para alabanza de Dios», como dicen los salmos o como dice san Pablo: *«Vivimos en la acción de gracias»* (Col 3, 15).

El «yo te amo» de Dios

Muchas liturgias nos dan la impresión de ser una sucesión indigesta de palabras enlazadas sin precaución unas con otras.

Muchas veces, se cae también en la trampa del discurso o puramente catequético o moralizador, y hasta ideológico. Es verdad que la liturgia de la palabra encierra elementos de catequesis, de ética, de doctrina, etc. (cf. p. 118), pero eso no es lo esencial.

La liturgia de la palabra ni siquiera es ante todo pura información, aun cuando de hecho hoy, para la masa de fieles, muchos de los textos sean objeto de un descubrimiento. Por ejemplo: cuando oímos el evangelio de navidad o de la resurrección, no se trata de escuchar una información, ya que conocemos esos hechos casi de memoria. Desde el punto de vista de la información, no se trata por tanto de una «noticia de última hora». Sin embargo, esos textos llevan ya veinte siglos proclamándose todos los años.

El «yo te amo» de los enamorados (recuérdese la p. 14), siempre repetido, siempre re-pronunciado, hace crecer el amor y refuerza la alianza mutua; no es informativo, sino, como dicen los especialistas, per-formativo, es decir, activo, transformante, eficaz, en una palabra, creador. Así es el **«yo te amo» de Dios** que se expresa en la variedad de los textos bíblicos. Así es como se renueva la alianza, el intercambio de una palabra dada y de una palabra devuelta: Dios y su pueblo no cesan de renovar el consentimiento mutuo de sus bodas místicas, sellado con la sangre del cordero.

Una celebración

El «yo te amo» de los enamorados, sobre todo en las grandes ocasiones, es siempre una fiesta; puede ir acompañado de flores, de regalos y hasta de un banquete. Del mismo modo, la liturgia de la palabra es una fiesta, una **celebración**, y debería apelar más a las acciones simbólicas que como se hace actualmente.

Por eso la palabra de Dios se pronuncia en voz alta, pasando por unos labios humanos. A pesar de todos los medios de reproducción de que disponemos, no podemos contentarnos con distribuir una hoja o un libro diciendo: «Leed esto o aquello». No; el «yo te amo» tiene que ser proferido bien alto.

Esta declaración de amor es el primer paso simbólico, pero no nos olvidemos de los demás ingredientes de la liturgia. Toda liturgia de la palabra va acompañada de gestos: levantarse para el evangelio y besar el libro en señal de veneración porque constituye la cima de la revelación; pero además, llevarlo a veces en procesión, aclamarlo (véase más adelante), incensarlo, levantarse para la profesión de fe, etc. Pero no hay nada que prohíba imaginarse otros gestos que hagan la palabra presente, no sólo a nuestro espíritu, sino a todo nuestro ser. Las personas que cuidan de la celebración de los niños lo saben muy bien; pero también habría que hacer algo parecido con los adultos.

Los medios visuales podrán encontrar aquí su lugar, sobre todo en nuestra civilización de la imagen. Una imagen simbólica puede apoyar tal pasaje bíblico; unas diapositivas podrán aclarar alguna idea, etc.

Pero los medios más corrientes y más eficaces serán sin duda la música y el canto.

La ambientación musical de la palabra

El misal nos habla del salmo, de las aclamaciones y de la posibilidad de un canto para la profesión de fe y para la oración universal.

— El salmo

El Vaticano II ha intentado devolver al salmo el lugar eminente que se le reconocía en la más antigua tradición cristiana que, durante mucho tiempo, lo consideró más como un anuncio de la palabra que como una respuesta del pueblo (éste respondía entonces con unas frases cortas o con el aleluya): *«El salmo responsorial es parte integrante de la liturgia de la palabra»* (OGMR 36).

Sabido es el lugar que ocupa el salmo en la oración de la iglesia. Mientras no se restauren otros tipos de celebración, la misa es actualmente el lugar en que los fieles pueden volver a descubrir su inagotable riqueza.

El salmo encierra las mismas dificultades que los otros textos bíblicos (cf. p. 112), pero además a muchos les parece difícil de utilizar en la práctica.

De hecho, parece ser que se ignoran todas las modalidades, tan flexibles, que propone el misal:

— En cuanto al contenido: *«El salmo se toma habitualmente del leccionario, ya que cada uno de estos textos está directamente relacionado con cada una de las lecturas»* (OGMR 36); pero también se puede, para facilitar la participación, utilizar lo que se llama el «salmo común» para una serie de domingos. Y no va en contra del espíritu de la regla omitir algún versículo más oscuro o reemplazar incluso el salmo por otro más apropiado a la asamblea.

Se puede tomar otro estribillo distinto del que está escrito en el leccionario, con tal que vaya en el mismo sentido. Puede ser un estribillo o una parte del mismo más conocida, que tenga cierta consistencia musical.

— En cuanto a su realización, las posibilidades son múltiples. Sin entrar en detalles, señalemos una posibilidad mínima: sin exigir del salmista el arte del recitado, es posible, no ya leer, sino decir el salmo, algo así como se dice un poema. Un ligero fondo musical, aunque sólo sea una nota sostenida o un acorde o arpegio de guitarra, ayudará al salmista a poner un toque de lirismo.

— Señalemos finalmente que, cuando no hay más que una lectura antes del evangelio, caben tres esquemas posibles: 1) el salmo solo; 2) la aclamación sola; 3) el salmo y la aclamación (en este último caso, procurar señalar que se trata de dos pasos totalmente diferentes, uno interiorizante y otro exteriorizante).

— La aclamación

Decir: «¡Aleluya! ¡Cristo ha resucitado!» con el tono de «El abonado al que usted llama ha cambiado de número», no es una aclamación, sino que sabe a ritualismo. La aclamación exige ordinariamente ser cantada para ser de verdad un gesto. En tiempo de cuaresma, el aleluya es sustituido por otra aclamación: así tendrá más fuerza el aleluya pascual. En fin, la experiencia enseña que es interesante repetir la misma aclamación al final del evangelio, que de este modo se ve enmarcado entre dos gritos simétricos de alegría. No es la letra, pero también así se respeta el espíritu...

— **Otras posibilidades**

Hay además otras posibilidades que no prohíbe el misal, pero que recomienda la experiencia.

Primero, **el canto**:

— a veces es interesante abrir la liturgia de la palabra por una parte del salmo o un estribillo; muchas veces eso es mucho mejor que todos los saludos que se puedan dirigir unos a otros;

— de vez en cuando, ¿por qué no comenzar con una procesión del libro, con la aclamación «¡Gloria a ti, palabra de Dios!»?;

— algunos cánticos pueden puntuar toda la liturgia de la palabra;

— otra pista interesante es la del «canto para la palabra». Es muy tradicional y eminentemente pedagógico acabar la homilía con un canto. Hay algunos cantos que se prestan muy bien a ello.

La música instrumental, en segundo lugar, es un recurso poco explotado. La música puede crear un espacio para la palabra y la oración, por ejemplo cuando en algunas asambleas no es posible cantar después de la lectura o de la homilía, cuando ésta no se ha «cerrado» y se abre a la interiorización. Como hemos visto, el instrumento ayuda al lirismo del salmo. A veces puede ser interesante introducir una lectura con un estribillo evocador para todos. Demostremos un poco de imaginación y utilicemos la competencia de nuestros instrumentistas. El uso de los instrumentos se ha enmohecido en muchas de nuestras asambleas, en perjuicio de las mismas y de los músicos obligados a esconder sus talentos.

Finalmente, **el silencio**. ¿Por qué, al terminar la lectura, apresurarse a cantar? ¿Qué tiempo corresponde a las lecturas y a la oración universal? Todo es cuestión de ritmo y de duración; es imposible dar recetas, pero que se rompa de verdad la palabra y pueda convertirse en profesión de fe, en intercesión y en alabanza.

Las dos mesas

Sigue siendo una imagen muy tradicional hablar de la liturgia de la palabra y de la liturgia eucarística como de dos mesas en que se reparte el pan de vida. Este paralelismo nos lo sugiere ya el c. 6 del evangelio de Juan, en donde se presenta la palabra como alimento. Estamos acostumbrados a la idea de la «presencia real» bajo el signo del pan y del vino. Pero ¿tenemos una conciencia tan aguda de que **«el mismo Cristo está allí, presente por su palabra, en medio de sus fieles»** (OGMR 33)?

La comparación de las dos mesas es fecunda: lo mismo que el pan y el vino, «frutos de la tierra y del trabajo de los hombres», se convierten en signo de la presencia de Cristo, también lo son esas palabras humanas que son las Escrituras. Y lo mismo que el sacerdote tiene la responsabilidad de repartir el pan eucarístico entre los hermanos, también tiene la de velar para que se reparta el pan de la palabra (especialmente por la homilía).

Dos mesas inseparables, hasta el punto de que la primera es indispensable para servir a la segunda. No hay sacramento que no vaya precedido de una liturgia de la palabra, aunque sea embrionaria; incluso cuando se lleva la comunión a un enfermo, se hace una mini-lectura bíblica. Esto indica el **«vínculo estrecho y necesario»** que hay entre el anuncio y la audición de la palabra de Dios y el «misterio eucarístico» (*Eucharistiae mysterium*, 10).

El salmo

Una anécdota: un domingo, había recitado el salmo 141; por la tarde, en una reunión de parejas jóvenes, me preguntaron: «¡Era un texto formidable! ¡Díganos de quién es, por favor!».

Entonces, antes de darnos por vencidos, preguntémonos si le hemos dado al salmo todas sus oportunidades. ¿No es muchas veces una lectura suplementaria (y mal hecha), encadenada por el lector a la primera lectura hasta el punto de no distinguirlas entre sí? ¡Formalismo!...

Para darle al salmo toda su oportunidad, un pequeño «truco». Con frecuencia se le pide a un lector A que tenga la primera lectura y el salmo, y al lector B que tenga la segunda; dadles las dos lecturas al señor A y el salmo a la señora B; y veréis...

En fin, muchas veces se predica sobre el evangelio, y raras veces sobre las dos lecturas; pero nunca sobre el salmo. Sin embargo, aunque sea respuesta de la asamblea, es también palabra. Y, desde muy antiguo, constituye un elemento esencial de la liturgia de la palabra y de la expresión de la fe.

24

El anuncio

«En las lecturas se dispone la mesa de la palabra de Dios a los fieles y se les abren los tesoros bíblicos» (OGMR 34).

Cuando se piensa que, durante siglos, el pueblo cristiano ha tenido que contentarse con poco más de cincuenta perícopas (*perícopa* = pasaje, extracto) del evangelio y que algunos textos tan importantes como el de la zarza ardiendo o la parábola del hijo pródigo no se leían nunca los domingos, no podemos menos de dar gracias a Dios de que el Vaticano II haya abierto a las asambleas el acceso a los «tesoros bíblicos». Todavía es demasiado pronto para calcular el enriquecimiento de la fe que supone la proclamación regular de los textos esenciales de la biblia y la sed de comprenderlos mejor que esto hará surgir.

La reforma ha reorganizado por completo la distribución de los grandes textos bíblicos.

Los domingos, se ha vuelto a la antigua tradición de·las **tres lecturas**: Antiguo Testamento («los profetas»), Nuevo Testamento («los apóstoles») y evangelios, a los que hay que añadir el salmo, sacado también de la biblia. Durante la semana, hay que contentarse con una lectura (Antiguo o Nuevo Testamento) antes del evangelio.

• El domingo, los evangelios sinópticos (= paralelos) se distribuyen en el tiempo llamado «tiempo ordinario» según un plan trienal (ciclo A: Mateo; ciclo B: Marcos; ciclo C: Lucas). El cuarto evangelio, el de Juan, se reparte, según una tradición igualmente antigua, entre la cuaresma y ̇el tiempo pascual de los tres años. El adviento ̇y la cuaresma siguen también el ciclo trienal, pero con algunas excepciones debidas a la dinámica propia de estos tiempos fuertes.

La **primera lectura**, así como el salmo, se escogen siempre en función del evangelio: por ejemplo, todos los años, en el 2.º domingo de cuaresma se lee la escena de la transfiguración, en la que se designa a Jesús como el Hijo predilecto, y la primera lectura recuerda todos los años un episodio diferente de la alianza que Dios estableció con Abrahán y su descendencia. A veces se escoge también la primera lectura, por citar el evangelio una frase de la misma, por ejemplo en el 2.º domingo de adviento B en que Marcos cita a Isaías.

Para la **segunda lectura** hay dos tipos de elección:

— para las fiestas o los tiempos especiales, se escoge también en la línea del evangelio;

— en el tiempo ordinario, se ha optado, como para el evangelio, por una **lectura continua** (más exactamente, semicontinua, ya que los libros no se leen en toda su extensión) de las cartas. Así, tenemos de hecho dos lecturas continuas que, lógicamente, no pueden estar en armonía a no ser por casualidad: la del evangelio y la de un libro del Nuevo Testamento.

Hay algunos ejemplos especialmente chocantes: en el 4.º domingo ordinario del ciclo B, entre el anuncio de un profeta que surgirá de en medio del pueblo (Dt 18, 15-20) y la curación de un poseso (Mc 1, 21-28), Pablo viene a decirnos, sin gritar mucho, lo que él piensa del matrimonio y del celibato (1 Cor 7, 32-35) (!). Para arreglar las cosas, no basta con decir como aquel sacerdote bien intencionado: «Y ahora vamos a cambiar completamente de tema» (sic).

• Entre semana, salvo alguna excepción fortuita, hay que evitar empeñarse a toda costa en buscar una coherencia. En efecto, por una parte, los tres sinópticos están distribuidos por todo el año (aunque Juan se reserva para el tiempo pascual, como los Hechos), y por otra, el resto del Antiguo y del Nuevo Testamento se distribuye en un ciclo bienal (años pares e impares).

Pero esta disposición debe considerarse con una gran ductilidad pastoral, como indica la OGMR 319-320:

«En el leccionario ferial se proponen lecturas para todos los días de cualquier semana a lo largo de todo el año; por consiguiente, se tomarán preferentemente esas lecturas en los mismos días para los que están señaladas, a no ser que coincidan con una solemnidad o fiesta.

Sin embargo, si alguna vez la lectura continua se interrumpe dentro de la semana por alguna fiesta o alguna celebración particular, le está permitido al sacerdote, teniendo a la vista el orden de lecturas de toda la semana, o juntar con las otras lecturas la que correspondió omitir, o determinar qué textos deben llevarse la preferencia.

En las misas para grupos peculiares, se le permite al sacerdote escoger las lecturas más acomodadas a esta celebración particular, con tal de que estén tomadas de un leccionario aprobado.

Existe además una selección particular de textos de la Sagrada Escritura para las misas en que va incluido algún sacramento o sacramental, o para las que se celebran en determinadas circunstancias.

Estos leccionarios se han hecho para que los fieles, oyendo una lectura más acomodada de la palabra de Dios, puedan llegar a entender mejor el misterio en el que toman parte y sean formados en una mayor estima de la palabra de Dios.

Por consiguiente, los textos que se leen en una asamblea litúrgica han de determinarse teniendo presente no sólo los adecuados motivos pastorales, sino también la libertad de elección concedida para estos casos».

Recurriendo **a la experiencia**, podemos decir que, para que «Dios hable», no basta con proclamar las lecturas sin plantearse cuestiones. Si hemos de confiar en el rito, esta confianza no puede ser tan ciega que lleguemos a olvidar a la asamblea a la que se dirige.

¿Cómo no darse cuenta de que el texto bíblico encierra obstáculos reales para la generación actual de cristianos que se han puesto recientemente en contacto con la Escritura?

1) Los católicos en conjunto, a pesar del impulso que han adquirido los estudios bíblicos, están aún muy poco familiarizados con el mundo bíblico, con su lenguaje, con su cultura. Será misión de la homilía reducir esas distancias. Pero, de momento, algunos textos siguen siendo herméticos y otros corren el peligro de ser comprendidos al revés. A veces ocurre que el texto del Antiguo Testamento no puede comprenderse más que después de haber leído el evangelio.

2) La segunda lectura de los domingos ordinarios, como hemos visto, rompe a menudo la coherencia de la liturgia de la palabra. ¡Cuidado! Cuando hablamos de coherencia, no tratamos aquí de la lógica cartesiana. No se trata de reducir la palabra de Dios a un tema, en el sentido intelectual de la palabra. Es una gracia de Dios el que la iglesia nos

imponga unos textos que espontáneamente no escogeríamos y por los que hemos de dejarnos provocar.

¿Qué soluciones pastorales podemos encontrar para estos problemas, dentro del cumplimiento del proyecto ritual de la iglesia?

— En primer lugar, no olvidemos la ductilidad que nos ofrece el misal mismo:

«Es muy de desear que se hagan las tres lecturas; sin embargo, por razones de orden pastoral, y por decisión de la conferencia episcopal, en algunos sitios se permite el uso de dos solas lecturas. Con todo, cuando se ha de elegir entre las dos primeras lecturas,ténganse presentes las normas propuestas en el mismo leccionario y el deseo de guiar a los fieles hacia un más profundo conocimiento de las Escrituras; en ningún caso se debe obrar mirando solamente a elegir el texto más breve o más fácil» (OGMR 318).

La eficacia de la palabra de Dios no es una cuestión de cantidad. El directorio de las misas para niños, ya citado, va todavía más lejos (43-45):

«Si todas las lecturas fijadas para un día no parecen muy convenientes a la inteligencia de los niños, se permite escoger las lecturas o la lectura, bien sea en el leccionario del misal romano, bien inmediatamente en la biblia, pero teniendo en cuenta los diversos tiempos litúrgicos. Se sugiere sin embargo que las diferentes conferencias episcopales hagan componer leccionarios para las misas de niños.

Si parece necesario para la inteligencia de los niños omitir algún que otro versículo de la lectura bíblica, hágase con precaución y de tal manera que «no se mutile el sentido de un texto o su espíritu y se salga de algún modo del estilo de la Escritura».

En la elección de las lecturas, se seguirá el criterio de la cualidad más que el de la brevedad del texto bíblico. Una lectura breve no está siempre ni por sí misma mejor adaptada a los niños que una lectura prolongada. Todo depende de la utilidad espiritual que puede procurarles la lectura.

Puesto que, en el mismo texto bíblico, "Dios se dirige a su pueblo... y allí está presente el mismo Cristo, por su palabra, en medio de los fieles", se evitarán las paráfrasis de la sagrada Escritura. Se recomienda, sin embargo, el empleo de traducciones que eventualmente existan para la catequesis de los niños y que estén aprobadas por la autoridad competente».

No todas nuestras asambleas están capacitadas para «digerir» tres textos. ¿Estará quizás prohibido omitir un pasaje especialmente oscuro de una perícopa, con tal de que esta omisión no mutile ni falsee el sentido general? Y al revés, algunos textos, para los que el leccionario propone una lectura breve, ganan cuando se les lee en su integridad. Los encargados de organizar la liturgia tendrán que apelar aquí a su sentido pastoral, pedagógico y bíblico: ¡ni demasiado, ni demasiado poco!

— En algunas ocasiones, con esta misma preocupación pedagógica, habrá que pensar en desplazar algunos textos. Por ejemplo, no es raro que una 2.ª lectura, que no cuadra entre la 1.ª y el evangelio, quizás adquiera todo su sentido después de la homilía, cuando ésta ha ayudado a la asamblea a caminar.

— Finalmente, los textos que se crea que hay que dejar no por eso deben descuidarse. Algunos ejemplos: el 1 de enero, la 1.ª lectura constituye una admirable bendición-saludo para abrir el año nuevo; la 2.ª lectura del domingo de ramos (himno a los filipenses) es un maravilloso prefacio en el caso de que haya tenido que aligerarse la liturgia de la palabra; el primer párrafo de la 2.ª lectura del viernes santo es una buena introducción a las solemnes oraciones católicas. En fin, donde pueda hacerse, algunos textos pueden alimentar la oración personal después de la comunión, etc.

Hay que guardarse, lógicamente, de trastornar demasiado el orden habitual de la liturgia de la palabra, ya que este orden tiene una significación simbólica (el evangelio en la cima) y los fieles necesitan estos puntos de orientación. Pero la necesidad pastoral puede ocasionalmente invitarnos a ligeros desplazamientos, que serán bien admitidos por la asamblea, con tal de que se tome la precaución de advertirle que se hace así para una mejor comprensión de la palabra de Dios.

La elección de lectores

Algunos prefieren lectores escogidos de antemano y preparados. Otros llaman a uno cualquiera en aquel momento, para evitar todo funcionarismo y para marcar bien el carácter representativo de aquel que es sacado de la asamblea.

Pero ¿hay que privilegiar aquí la palabra o la representatividad? Por otra parte, no se sirve a la asamblea cuando, con el pretexto de valorarla, se corre el peligro de que las lecturas resulten inaudibles (caso demasiado frecuente, por desgracia). La proclamación de la palabra supone una competencia técnica, espiritual y litúrgica. ¡Es algo que hay que aprender!

Es esencial que el sistema de elección que se siga tenga en cuenta la necesidad de una proclamación efectiva. Si no, la palabra queda muerta.

La tarea del lector

1. Preparación

— Articular al menos una vez el texto para evitar las trampas fonéticas.

— Comprender el sentido del texto y conocer el contexto de la celebración.

— Captar la arquitectura del texto, sus articulaciones, sus puntos culminantes, su intención.

2. La lectura

— Tomar una posición estable en el sitio previsto. Mirar a la asamblea esperando a que estén todos atentos.

— Indicar el título y dejar un momento de silencio.

— Saber que siempre se tiende a correr demasiado. Meterse en la piel de los oyentes que descubren el texto.

— Saber hacer silencios. Un silencio largo para el lector es corto para el oyente.

— Evitar el «cerrojo» después de cada frase, e incluso al final del texto; la lectura pide una prosecución.

— Pronunciar todas las letras.

— Evitar el tonillo o los tonos teatrales.

— Al final de la lectura, no marcharse corriendo, como el que ha acabado un trabajo penoso.

3. Un arte original

La lectura de los textos litúrgicos es distinta de la lectura pública corriente. Es que el lector no dice su palabra, sino la de Dios.

Bonhöffer escribía:

«Pronto se darán cuenta de que no es fácil leer la biblia a los demás. Cuanto más despojada, humilde y objetiva sea la actitud interior ante el texto, más adecuada será la lectura... Una regla que observar para leer bien un texto bíblico es no identificarse nunca con el «yo» que allí se expresa. No soy yo el que se irrita, el que consuela, el que exhorta, sino Dios. Entonces no leeré ya el texto con un tono monótono e indiferente; al contrario, lo leeré sintiéndome yo mismo interiormente comprometido e interpelado. Pero se verá toda la diferencia entre una buena y una mala lectura cuando, en vez de tomar el lugar de Dios, acepte simplemente servirle. Si no, corro el peligro... de llamar la atención del oyente sobre mi persona y no sobre la palabra; ése es el vicio que amenaza a toda lectura de la biblia...» (Bonhöffer, *De la vida comunitaria*).

Por esta razón, las iglesias orientales hacen cantar siempre las lecturas.

En las asambleas dominicales sin sacerdote

Las lecturas

Para expresar el vínculo con la iglesia universal, es mejor tomar los textos que propone el leccionario, pero podrá hacerse una lectura más flexible; por ejemplo, leer dos veces el mismo texto (puede ser muy interesante para los niños).

— 1. Lectura «ordinaria» - 2. Reflexión homilética - 3. Proclamación solemne.

— O bien, comenzar por 3 y terminar con una lectura meditativa en todo o en parte.

El lugar de la palabra

Lo mismo que la mesa eucarística ocupa un lugar privilegiado, también hay que buscar uno destacado para «la mesa de la palabra». La OGMR desea que sea «un ambón estable y no un simple pupitre móvil» (272). El ambón era en la antigüedad una especie de pequeña tribuna con balaustrada, construida generalmente entre el coro y la nave.

Esta indicación arquitectónica quizás no es siempre realizable, pero la indicación de un lugar fijo y sólido es preciosa. Se trata de buscar la simbolización del espacio: un lugar para cada acción. Lo mismo que en una iglesia no se pone el altar a un lado después de la misa, también el lugar de la lectura ha de seguir estando allí como signo-testimonio de la palabra proclamada y que habrá de proclamarse otras veces.

Además, la OGMR indica que allí es donde «se pronuncian las lecturas, el salmo responsorial y la alabanza pascual», y que se puede «también» decir allí la homilía y la oración universal. Y añade: «No conviene que el comentador, el cantor o el director del coro suban al ambón», y podríamos añadir que no se lee desde allí un texto de Gandhi o de Khalil Gibran ni se hacen allí los anuncios.

25

La homilía

Curiosamente, a diferencia de la jerga litúrgica habitual, esta palabra ha tenido fortuna. Es verdad que los antiguos términos tienen connotaciones desagradables que nos dicen mucho sobre ciertas formas de predicación: la «prédica» y el «sermonear» no son palabras bien vistas por lo que suponen. El éxito de la palabra «homilía» ¿traducirá quizás un deseo de cambio? Pero todavía se ignora demasiado el ideal que representa esta palabra.

Viene de la palabra griega *homilein*, que significa «conversar familiarmente» con alguien. La masa de nuestras asambleas no permite de ordinario que los oyentes hagan preguntas; es una pena. Eso se practicaba en Corinto, por ejemplo (léase 1 Cor 13, 14-16, donde precisamente Pablo les prohíbe intervenir a las mujeres y les pide que aguarden a estar en casa para preguntar a sus maridos. ¡Otros tiempos, otras costumbres!). Parece ser que se practicaba también hasta hace poco en algunas parroquias rurales. Hoy esto es posible solamente en asambleas restringidas o con los niños. La homilía compartida o reparto del evangelio coincide con esta práctica (véase un poco más adelante). Gracias a Dios, y quizás también gracias a los medios de sonorización, muchas homilías pueden por lo menor volver a este estilo de charla familiar.

Pero hay algo más importante: la palabra homilía indica un contenido. *«Conviene que sea una explicación o de algún aspecto particular de la sagrada Escritura, o de otro texto del ordinario o del propio de la misa del día, teniendo siempre presente el misterio que se celebra y las particulares necesidades de los oyentes»* (OGMR 41).

La afirmación es clara: la homilía está ligada, en sentido estricto, a la Escritura, y en sentido amplio, al misterio del día. De lo contrario, hablemos en plata y no llamemos homilía a una predicación sobre el aborto o sobre las misiones de Patagonia, aun cuando el predicador demuestre cierta acrobacia en relacionar artificialmente su discurso con algún párrafo de la Escritura [1].

Comentario de la Escritura, la homilía puede y debe tener varios aspectos que evocaremos aquí brevemente:

— **explicar** las Escrituras (exégesis), aclarando tal término, tal situación histórica, tal punto oscuro...;

[1] Hay domingos en que es necesaria una predicación no-homilética (por ejemplo, en la Jornada mundial de las comunicaciones sociales). Sería más honrado y coherente hacer una mini-homilía y poner la predicación en otro lugar.

— **actualizarla** («hoy se cumple esta palabra») para esta asamblea, tal como es y tal como vive; es decir, tener un sentido pastoral;

— **anunciar** el misterio pascual del que es parte integrante toda palabra (kerigma);

— **enseñar** (catequesis) todos los aspectos de la historia de la salvación;

— introducir en el sentido de los **signos** sacramentales (mistagogia);

— ayudar a descifrar el **proyecto de Dios** sobre nosotros hoy y aquí, leyendo los signos del reino, acogiendo el porvenir que Dios nos depara y que nos llama a preparar con él (profecía);

— **dar testimonio**, bien sea comprometiéndose personalmente («vosotros y yo»), bien evocando la forma en que se vive la fe (los hechos de vida), bien ocasionalmente invitando a dar testimonio a alguno o a algunos cristianos;

— en fin, último deber del que pronuncia la homilía, como recomienda a menudo Pablo: **exhortar**, estimular.

Es evidente que todas estas dimensiones no pueden estar presentes y explícitas en cada homilía, pero incumbe al sacerdote o al equipo pastoral verificar si, globalmente, durante un año por ejemplo, se han cumplido todas estas tareas de la homilía. A ellos les corresponde también ver si no caen en el moralismo, o el autoritarismo, el doctrinalismo seco y apartado de la vida, o en el paternalismo... Ver también si no inciden continuamente en sus temas favoritos. Verificaciones que será fácil hacer si se escucha a los fieles animándoles a indicar sus reacciones o, mejor aún, si «se mete en el hoyo» el equipo litúrgico.

En las asambleas dominicales sin sacerdote

Homilía, reflexión, compartir

Aquí son posibles varias fórmulas y conviene variarlas en función de los textos y/o en función de las personas reunidas:

— homilía, preparada con el sacerdote y dada por uno o por varios;

— lecturas de textos que comenten la palabra;

— compartir entre todos después de una breve presentación homilética;

— sin olvidar el silencio...

Lugar de la homilía

La homilía se tiene tradicionalmente después del evangelio. Pero se imponen dos observaciones:

1) A veces conviene pedagógicamente tenerla antes, cuando una de las dos lecturas sirve de punto de partida o de referencia esencial. También puede repartirse la homilía en varias intervenciones a lo largo del rito de la palabra, pero sin dar la impresión de predicar varias veces (hilando las ideas...).

2) Las introducciones a las lecturas, redactadas a veces por el equipo litúrgico (y hasta ciertas intervenciones a lo largo del resto de la liturgia) son también homilía. Con tal de que no sean un resumen de lo que se va a leer (¡ese continuo «Pablo nos va a

decir que...»! ¡Dejémosle hablar!) y que aporten, como la homilía, las indicaciones bíblicas necesarias para la buena comprensión o que, bajo una forma interrogativa e interpelante, despierten la atención, sugiriendo un vínculo entre la palabra y la existencia. En resumen, que nuestras palabras no nieguen la palabra, sino que la sirvan.

¿Quién dice la homilía?

Tradicionalmente, la homilía se le confía al ministro ordenado. El Vaticano II precisa más aún: **«Habitualmente la homilía será hecha por el celebrante»** (OGMR 42). Es él mismo el que reparte el pan de la palabra y el pan eucarístico.

A veces, hay razones evidentes que impiden respetar esta recomendación. Al menos, que la organización evite que el predicador de servicio aparezca sólo para la homilía y desaparezca inmediatamente después...

Hay incluso casos excepcionales en que habrá que confiar la homilía a una persona seglar, no sólo en las asambleas dominicales en que está ausente el sacerdote, sino también para ciertos temas de la predicación en los que quizás tenga mayor competencia que el sacerdote mismo.

Pero, en todo caso, dentro del espíritu de la iglesia, la homilía se hará siempre según las indicaciones del ministerio pastoral.

En ciertas asambleas, pequeñas o muy homogéneas, puede **compartirse la palabra**. Puede ir desde la simple cita de una frase que ha impresionado a alguno de los participantes hasta el intercambio más prolijo. No por ello queda borrado el papel del presidente: da primero las explicaciones necesarias para que los fieles no se extravíen en interpretaciones erróneas; además, vela por la libre expresión de cada uno, interviene para puntualizar alguna cosa, etc. Y finalmente, al terminar el intercambio, recoge en un manojo de oración todas las riquezas que el Espíritu ha suscitado.

¿Dónde se pronuncia la homilía?

La OGMR 97 dice que se pronuncia **«en la sede o desde el ambón»**. El ambón (o lugar de la palabra) es sin duda lo más habitual. La homilía desde el asiento puede sorprender a un lector moderno. Sin embargo, así hablaba el obispo en la antigüedad a los fieles, que de ordinario le escuchaban de pie (!). Quizás podría esto imaginarse hoy con el obispo, ¡pero con el sacerdote! Puede hacerse muy bien, sin embargo, con los grupos restringidos.

En esto hay que tener en cuenta dos datos, no necesariamente contradictorios: 1) un lugar en cierto modo estable, habitual; 2) un lugar que facilite la comunicación. Habrá que verlo en cada caso.

En conclusión..., la gran masa de los fieles espera mucho de la homilía, ¡gracias a Dios! Los responsables han de obrar de manera que esté bien conectada con el conjunto de la liturgia, lo cual supone una estrecha colaboración entre el que la dice y los responsables de la predicación. ¡Que el pan de la palabra se reparta de verdad para **«alimentar la vida cristiana»** (OGMR 41)!

26

Responder a la palabra

La profesión de fe

«El símbolo o profesión de fe se dirige a que el pueblo asienta y responda a la palabra de Dios que ha oído en las lecturas y por medio de la homilía y recuerde la regla de la fe antes de empezar a celebrar la eucaristía» (OGMR 43).

Por su situación detrás de la homilía y antes de la oración universal, la profesión responde más bien, de hecho, a la primera de estas intenciones; la segunda, también tradicional (véase el recuadro), corre el peligro de convertirse en un piadoso deseo, a no ser que ocasionalmente se permitiera invertir el orden.

Esta profesión de fe es la de todo el pueblo con el que se une el sacerdote, en contra de la práctica, todavía muy extendida, de que sólo el sacerdote la alterne con la asamblea (la alternancia sólo es válida cuando se canta el credo, entre la asamblea y el coro, por ejemplo).

Parece ser que la sensibilidad contemporánea se siente herida al tener que cantar un texto tan doctrinal. Salvo circunstancias excepcionales, en algunos sitios se ha intentado puntuar su profesión por medio de estribillos, recobrando así sin saberlo una tradición muy antigua. No está tampoco prohibido volver a la forma de preguntas-respuestas que se prevé para el bautismo o para la noche pascual.

Reconozcamos también que el *símbolo niceno-constantinopolitano* se muestra a menudo sobrecargado y que se han señalado por eso algunas nuevas propuestas:

— que se generalice el uso del *símbolo de los apóstoles*, más «digerible» y sobre todo más bíblico y más cercano al kerigma original que se encuentra en varios pasajes del Nuevo Testamento (*kerigma* = anuncio pascual; léase, por ejemplo, Hch 2, 22-23; 3, 13-17; 10, 39-40);

— que ocasionalmente pueda sustituirse la recitación del símbolo por una profesión de fe más conforme y más en relación con el misterio del día;

— que incluso se la pueda omitir, si la respuesta a la palabra se ha expresado ya de otra manera tan significativa (por ejemplo, en el «canto para la palabra», p. 109).

Por otra parte, la gran profesión, la regla de fe, no sólo está expresada, sino realizada en la misma plegaria eucarística.

— Además, el credo corre a menudo el riesgo de romper la dinámica de la liturgia de la palabra. A lo largo de los siglos, ha variado su lugar; en muchas liturgias se encontraba al comienzo de la eucaristía. El Vaticano II no ha querido tocar nuestra costumbre...

En resumen, es bueno y significativo que pronunciemos regularmente la regla de fe con nuestros hermanos cristianos de todo el mundo y de todos los tiempos y que de esta manera nos sumerjamos en la fe de la iglesia, a pesar de nuestras dificultades de creer y de todas nuestras dudas. Pero es necesario despertar a menudo la significación del rito, para que el credo no sea un gesto rutinario y, a veces, incluso, señal... de que van a pasar el cepillo.

Dice Dios a su pueblo: «Yo te amo»; y éste le da su adhesión: «Creo en ti, porque tú nos amas». Tal es el alcance profundo de este rito, y esto es lo que importa.

La oración universal

La oración universal es una de las restauraciones más visibles de la reforma del Vaticano II. La iglesia había perdido este rito al menos desde el siglo VI, excepto el viernes santo. Algunos todavía se acuerdan de aquellas antiguas listas de intenciones (se rezaba entre otras cosas «por nuestros hijos bajo las armas»): era un órgano-testimonio de la antigua oración universal.

La oración universal se llama también «oración de los fieles». Con razón, ya que *en la oración universal u oración de los fieles, el pueblo, ejercitando su oficio sacerdotal, ruega por todos los hombres* (OGMR 45).

Por consiguiente, es perfectamente legítimo que en varios lugares la redacción de esta oración se le confíe a los laicos (pero que nadie se imagine que, limitándose a esta tarea, pueda decirse que ellos han «preparado» la liturgia).

El misal describe su contenido de esta manera: *«súplicas por la santa iglesia, por nuestros gobernantes, por los que sufren alguna necesidad, por todos los hombres y por la salvación de todo el mundo».*

Amplios horizontes a la medida del corazón de Dios. Cuadro en el que pueden encontrar sitio todas las categorías humanas, todas las situaciones humanas y todos los acontecimientos de este mundo, la oración universal es una oportunidad para nuestras asambleas. Para realizar debidamente este programa, hay que llamar la atención sobre el fondo y la forma.

El misal propone **cuatro grandes pistas:** *«las necesidades de la iglesia, los que gobiernan el estado y la salvación del mundo entero, los que sufren cualquier dificultad, y la comunidad local».*

Algunos aplican este esquema con un rigor servil y por tanto artificial. Otros han comprendido muy oportunamente que esta oración hacía entrar en nuestras iglesias todo el rumor del mundo, pero he aquí que la oración universal toma el tono de un diario hablado que nos pone al corriente de las últimas noticias. Hay otras desviaciones que acechan a este rito: la del **moralismo** («Pidamos, hermanos, para que seamos más fraternales», dando a entender: «no sois todavía como deberíais ser») o la tentación para el predicador de remachar con ella los «puntos» de su homilía (!).

A los primeros habría que recordarles que la iglesia nos ofrece un esquema; no es obligatorio que cada domingo se formule cada una de estas intenciones, sino que hay que apreciar globalmente en la serie de domingos si se reza «habitualmente» en estas cuatro dimensiones.

A los que caen en la trampa del diario de informaciones o del moralismo, recordémosles que en una oración lo primero que se hace es hablarle a Dios. Volvamos a la gran sobriedad de las letanías de antaño: «De todo mal, ¡líbranos, Señor...! Que te dignes establecer entre los pueblos la concordia y la paz sincera, ¡te lo pedimos, oyénos!». Es probable que la estructura «para..., a fin de que...» de los primeros formularios propuestos inmediatamente después del concilio nos haya inclinado a decirle a Dios cómo tiene que hacerlo todo. Pero él es demasiado grande para permitirlo. Y esto nos lleva a la forma más que al fondo de las cosas.

Dios le dice a su pueblo: «Yo te amo»,
y éste le da su adhesión y responde: «Yo creo en ti porque tú nos amas».

El credo: una historia complicada

En su origen, el credo es una profesión de fe destinada a la liturgia del bautismo, lo mismo que hoy el símbolo de los apóstoles.

Lo que se llama símbolo niceno-constantinopolitano, de formulación menos bíblica y con expresiones ideológicas más abstractas, aparece muy pronto en la evolución de la misa, donde parece ser que se introdujo por celo de la ortodoxia, frente a las herejías que sacudían a las iglesias de oriente. Pero entonces se le ponía más bien antes de la oración de los fieles (nuestra oración universal) como punto de partida de la liturgia eucarística.

Generalizado en el siglo XI en occidente a instancias del emperador Enrique II (!), se lo consideró más como un elemento de solemnidad y por eso se impuso en los domingos y días de fiesta.

Es interesante señalar que en oriente lo recitaban generalmente todos o un representante de la asamblea (no el sacerdote), pero nunca lo cantaban. Al contrario, en occidente se consideró siempre como un canto del pueblo, principio que se olvidó en la época de las misas polifónicas y luego sinfónicas, en las que suele ser la pieza de lucimiento.

En las asambleas dominicales sin sacerdote

Oración universal - profesión de fe

Es interesante invertir el orden habitual; así la oración universal enlaza mejor con la palabra anunciada y el credo vuelve al lugar que tuvo, siendo el eslabón entre el rito de la palabra y la eucaristía.

Sin embargo, si se sigue el orden del misal, se pueden mezclar la alabanza y la súplica, según la gran tradición judeo-cristiana, siguiendo este esquema para cada motivo de alabanza:

— Bendito seas, Señor, por...

— Acuérdate de... o: Te pedimos por...

Las intervenciones espontáneas

Como la oración universal es la «oración de los fieles», es lógico ir hasta el fondo y dejar que los participantes intervengan libremente. Pero esta práctica tiene sus problemas, sobre todo en las grandes asambleas en las que son más vagas las relaciones interpersonales. Por tanto, hay que tomar algunas precauciones:

— presentar primero las intenciones redactadas en las que todos puedan encontrarse;

— luego —y ésa es la función del sacerdote, hombre de lo universal—, procurar ampliar las intenciones particulares que se formulen. Por ejemplo: uno pide por una familia que pasa apuros económicos; el sacerdote amplía luego la petición por todos los que pasan necesidad en el mundo y por todos los que luchan por la justicia y la dignidad del hombre: «*Toca al sacerdote celebrante dirigir esta oración*» (OGMR 47).

Algunos han eludido la dificultad del particularismo poniendo a la entrada de la iglesia un libro en el que cada uno puede escribir sus intenciones y que traen en el momento de la oración universal; o bien el sacerdote recoge las intenciones con el espíritu que hemos dicho, o bien se contenta con el gesto simbólico de traer el libro.

N. B.: La evocación de los bautizados, casados y difuntos de la semana estaría más en su lugar en las intercesiones de la oración eucarística. Pero si se la pone aquí, convendrá situarla en un contexto más amplio.

¿Cómo expresar la oración universal?

Este rito se ha vuelto esclerótico demasiado pronto. ¡Ese inevitable «roguemos al Señor» y la pesadez del «para que...»! Es urgente romper de vez en cuando esta mecánica para despertar a su sentido. ¿Será siempre necesario decir «te lo pedimos, Señor», si el animador y el instrumentista tienen el texto ante la vista? Además, hablemos en castellano: a nuestra lengua le gustan las frases cortas y evita las conjunciones de subordinación. En vez de decir: «Por nuestra iglesia enfrentada con las dificultades de los tiempos, para que Dios le dé fuerza...», decir más bien: «Señor, mira a tu iglesia. Está enfrentada con este problema... ¡Dale tu fuerza!».

¿Y por qué no comenzar cada intención con **una bendición** relacionada con el anuncio de la palabra? Por ejemplo: «¡Bendito seas, Señor, que curaste al ciego de nacimiento! ¡Abre nuestros ojos!». Es éste el proceso fundamental de la oración bíblica y cristiana, la de los salmos, la del Padrenuestro, la de la oración eucarística...

Intentemos además buscar un **lenguaje universal**. Hay fórmulas que dividen en vez de unir, sobre todo en casos de tensión política o de conflicto local. Recordemos que el lenguaje simbólico tiene más oportunidades para reunir en la diversidad: en el caso de una empresa local en apuros, rezar «por los que sufren por la angustia del mañana» es rezar por el patrono que intenta salvar la empresa y por los obreros amenazados de paro.

Es costumbre que las intenciones terminen con un **estribillo**. Este ganará en resonancia con el misterio del día: si la liturgia nos ha recordado la fidelidad de Dios, cantar «Tu fidelidad es eterna», o bien «Creemos en tu amor», valdrá más que una fórmula estereotipada... Pero el misal sugiere además que la súplica se traduzca *«con la oración en silencio»* (OGMR 47). Esto supone que el portavoz de las intenciones deje tiempo a sus hermanos para poner detrás sus propias palabras, sus realidades y sus rostros; que rece él mismo de verdad y encontrará el tono y el ritmo convenientes, y sobre todo evitará el tono de cuartel tan frecuente en este rito.

La oración universal, una profesión de fe

Rezar es también un acto de fe: «Tú nos has dicho que quieres salvarnos. Lo creemos. Entonces, Señor, ¡sálvanos hoy de esto o de aquello!»

La oración universal abre nuestros corazones a las dimensiones del corazón de Cristo, muerto «por la muchedumbre».

Es respuesta dada a la palabra recibida en la liturgia de este domingo. Alguien ha dicho: «Para hacer la oración universal, hay que poner sobre la mesa a un lado la biblia y a otro el periódico». Una buena imagen para decirnos en dónde tiene que buscar su inspiración esta oración.

27

«Haced esto en memoria mía»

«Mientras cenaban, tomó el pan y, después de pronunciar la bendición, lo partió y se lo dio diciendo: "Tomad, esto es mi cuerpo". Luego, tomando una copa, dio gracias y se la pasó diciendo: "Esta es mi sangre, la sangre de la alianza, que va a ser derramada por una multitud"».

Este relato de la institución de la eucaristía está sacado del evangelio de Marcos (c. 14). Todos sus elementos se encuentran también en las demás versiones (Mt 26; Lc 22 y 1 Cor 11). También se encuentra con algunas variantes de detalle en todas nuestras eucaristías.

¿Qué es lo que sabemos de las circunstancias de aquel acontecimiento? Esencialmente, que Jesús instituyó la eucaristía durante el **banquete pascual**; inaugurando de esta forma la nueva alianza, la celebraba antes de vivirla (cf. la liturgia pascual).

Pues bien, sabemos que la comida judía, y de manera especial el banquete pascual, empezaba siempre por una acción de gracias, por una bendición sobre el pan y el vino. «Dando gracias, te bendijo»: dice una de nuestras plegarias eucarísticas.

Estos dos verbos son realmente sinónimos y designan lo que los judíos llamaban la *berâkâh* y lo que el Nuevo Testamento designa como *eucaristía*. Es mucho más que una simple acción de gracias. Es un intercambio entre Dios y los hombres: se alaba a Dios contemplándolo, se recuerdan (*anámnesis*, véase más adelante) todas las maravillas que ha hecho, expresando nuestra admiración por ellas. En griego, *eucharistein* (*eu* = bueno, bien; *charis* = gracia, favor) quiere decir algo así como «¡qué hermoso, qué bueno es el regalo que me haces!».

Y, desde luego, a esta alianza le suceden naturalmente algunas peticiones para el día de hoy: ¡siempre el mismo camino de la oración judeo-cristiana!

De esta forma, lo mismo que la liturgia de la palabra hunde sus raíces en la liturgia de las sinagogas (cf. p. 106), la «cena del Señor» se arraiga en el banquete pascual. La eucaristía no es un aerolito, sino la invención de un Dios hecho hombre hasta el punto de reutilizar los elementos religiosos y rituales del pueblo en que se ha encarnado.

Los relatos de la institución presentan con cierta sequedad esquemática una sucesión de acciones distintas. Pero la liturgia no es nunca representación teatral, un mimo (¿a no ser quizás el lavatorio de los pies?), y las iglesias, a lo largo de los siglos, han repetido las acciones del Señor desplegándolas en la duración y a través de las formas propias de su genio cultural y espiritual.

Así podemos traducir en acciones litúrgicas actuales cada uno de los gestos del Señor:

— tomó el pan..., la copa = preparación de los dones
— dio gracias, lo bendijo = oración eucarística
— lo partió = fracción
— y se lo dio = comunión.

Repasemos cada uno de estos ritos.

28

Tomó el pan, tomó el vino

«Al comienzo de la liturgia eucarística, se llevan al altar los dones que se convertirán en el cuerpo y la sangre de Cristo.

En primer lugar, se prepara el altar o mesa del Señor, que es el centro de toda la liturgia eucarística, y entonces se colocan sobre él el corporal, el purificador, el misal y el cáliz, que puede también prepararse en la credencia.

Se traen a continuación las ofrendas; es mejor que el pan y el vino lo presenten los mismos fieles. El sacerdote o el diácono los recibirá en un sitio oportuno y los dispondrá sobre el altar, mientras pronuncia las fórmulas establecidas. Aunque los fieles no traigan pan y vino de su propiedad, con este destino litúrgico, como se hacía antiguamente, el rito de presentarlos conserva igualmente todo su sentido y significado espiritual.

También se pueden aportar dinero u otras donaciones para los pobres o para la iglesia, que los fieles mismos pueden presentar o que pueden ser recolectados en la nave de la iglesia, y que se colocarán en el sitio oportuno, fuera de la mesa eucarística» (OGMR 49).

El ofertorio era antes un momento importante de la piedad eucarística; se nos invitaba en él a ofrecer a Dios nuestros «sacrificios», insistiendo mucho en la aportación personal de nuestra vida y de nuestro trabajo; acordaos de aquellas misas del 1 de mayo, cuando se llevaban al altar las herramientas de los obreros.

Hoy, ese momento de la misa ha quedado un poco vacío; los fieles ya no saben qué hacer ni cómo rezar, mientras que los organizadores de la liturgia lo llenan como pueden.

¿Cuál es, por tanto, el valor justo de este rito?

Un poco de historia

Nos dará un poco de luz la historia de su origen. En los dos primeros siglos, por lo menos, este rito fue sumamente sobrio, quizás para tomar las debidas distancias respecto a los sacrificios paganos y para subrayar que no hay más que una sola ofrenda, la ofrenda espiritual de Cristo al Padre: *«Se trae pan y vino con agua y el presidente envía al cielo la oración y la eucaristía»* (acción de gracias), escribe Justino en la *1.ª Apología*. Pero poco a poco se van haciendo a la idea de la ofrenda en el sentido en que la entendemos nosotros: hacer a Dios el don de una parte de nuestros bienes y por tanto de nosotros mismos, separarnos de ellos, desposeernos de ellos, reconocer de esta forma que todo don viene de Dios y sobre todo tener el gozo de llevar al altar lo que habrá de convertirse en el sacrificio de Cristo. En efecto, el pan que se llevaba entonces era el pan del consumo diario... Aparece así con claridad que esta oblación es un don de los bautizados, ligado a su sacerdocio. Es el sacerdote el que consagra, pero es todo el pueblo de Dios el que ofrece con él el sacrificio. Añadamos que lo que sobraba de esos dones se distribuía entre los sacerdotes y entre los pobres, con la ayuda de los diáconos que eran los que atendían a esta función esencial.

Nacerá así una procesión de ofrendas que, en oriente, toma cierta amplitud y que se llama la «gran entrada» (la «pequeña entrada» se situaba al comienzo de la misa). Es significativo el hecho de que los cantos y las oraciones de este rito aclamen ya al rey de la gloria. Esto es aparentemente ilógico para nuestras mentalidades cartesianas, ya que ese pan y ese vino no están consagrados todavía; pero esto indica hasta qué punto la preparación de los dones no puede separarse de la eucaristía propiamente dicha. Se encontrará un ejemplo de texto litúrgico en el canto «Sólo tú eres Santo, sólo tú Señor», adaptación de un himno de la liturgia de san Juan Crisóstomo (C 54).

Desgraciadamente, más tarde, la ofrenda de los fieles acabó separándose del conjunto ofrenda-eucaristía-comunión. Fue sobre todo en occidente, en el siglo X, donde, bajo la influencia de diversas corrientes teológicas, se impuso la utilización del pan ázimo (pan sin levadura, usado en la pascua judía) que, lógicamente, no puede ser preparado en casa. Al mismo tiempo se fue haciendo más rara la práctica de la comunión. Esto explica aquello y viceversa.

Se encuentran ciertas supervivencias de la ofrenda de los fieles en la colecta, en el pan bendito y en la «ofrenda» que se practica en algunas regiones en donde, sobre todo en las bodas y en los funerales, vienen los fieles a besar una imagen de Cristo y a dejar allí su donativo; en fin, los estipendios de la misa son otra traducción de este rito.

En cuanto al sentido espiritual del ofertorio, se convierte en una especie de duplicado de la ofrenda eucarística (también es sintomático el término de *hostia*, que significa *víctima* en latín); más tarde, en un esfuerzo laudable, pero poco afortunado, conocerá la inflación y el deslizamiento de sentido que señalábamos al comenzar.

Para restablecer sin duda el sentido justo de este rito, el misal de Pablo VI lo llama ahora **preparación de los dones**, término más neutro y programático. La palabra ofertorio no figura más que en las expresiones «canto del ofertorio» y «antífona del ofertorio». Recorramos paso a paso la OGMR.

«Primero se prepara el altar, o mesa del Señor, que es el centro de toda la liturgia eucarística».

Se sugiere aquí un gesto profundamente simbólico y muy cercano a nuestros ritos cotidianos. «Pueden pasar a la mesa...», dice la dueña de la casa. ¿Hay algo más simpático y dinámico, cuando se trabaja juntos, que **ponerse a la mesa**? ¿Por qué no va a ser lo mismo en el banquete eucarístico? Para ello, no basta con desplegar los corporales, ese mantel reducido a un trozo de tela de 40 cm. de lado. Al menos en ciertas ocasiones solemnes (navidad, sábado santo, etc. —para el viernes santo está ya previsto—), ¿por qué no poner entonces los manteles y colocar luego encima las flores y las velas sobre el altar que ha estado desnudo hasta aquel momento?

Este gesto subraya con claridad el simbolismo de las «dos mesas» (p. 110). Se anuncia una segunda acción y el gesto de poner la mesa es elocuente.

Finalmente, la sugerencia del misal demuestra que este tiempo es también de alguna forma la apertura de la acción eucarística, lo mismo que la gran entrada del rito bizantino. Volveremos sobre ello a propósito del canto.

La procesión de las ofrendas, que recomienda el misal del Vaticano II, no está aún generalizada, ni mucho menos. Pueden encontrarse varias explicaciones de este hecho. Como los dones se han reducido de ordinario a un solo pan y a una sola copa, falta esta procesión (los problemas que aquí se evocan están ligados a los de la fracción y a los de la comunión). Como no se traen de casa, pierden su fuerza simbólica como ofrenda de los fieles; el depósito de una «hostia» prefabricada a la entrada de la iglesia resulta bastante artificial, sin hablar de la mediocridad bastante frecuente de los vasos y las copas... Sin embargo, puede hacerse algo para darle sentido y vida a esta procesión. Algunas sugerencias: que se traigan todos los panes necesarios para la comunión (sin tener en cuenta los que haya que reservar en el sagrario); que se traigan también, si no el mantel, por lo menos las flores y las velas. Si se ha hecho ya antes la colecta (véase p. 136), puede unirse a todo ello, pero sin ponerla sobre el altar (afortunadamente, ya que en algunas regiones de Africa traen cabras y gallinas). En algunos casos, por ejemplo en una colecta de ropa o de alimentos, se podría llevar también algún objeto significativo. Entonces la procesión recobraría su esplendor, sobre todo si los fieles, cargados de dones, avanzaran lentamente con su ofrenda en la mano, en un bello gesto de ofrecimiento y no como a hurtadillas. (Sobre el sentido del gesto, léanse p. 67s).

El recorrido del pan

«Aunque los fieles no traigan ya como antes pan y vino de sus casas, este rito de ofrecer algunos dones conserva su valor y su significado espiritual».

¿Por qué esta insistencia del ritual? Porque la procesión, ese movimiento «de abajo arriba», es un elemento esencial del simbolismo de la eucaristía. La eucaristía es un intercambio entre Dios y el hombre en Jesucristo, testigo de esta oración de ofrenda:

Bendito seas, Señor, Dios del universo, por este pan que nos diste

DIOS $\longrightarrow$ **EL HOMBRE**

fruto de la tierra y del trabajo de los hombres que ahora te presentamos

$\longleftarrow$

él será para nosotros pan de vida

$\longrightarrow$

Esta procesión es el primer tiempo de lo que la revista «Célébrer» (n. 154, Cerf) llama atinadamente el *recorrido del pan*.

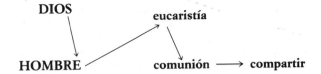

DIOS

eucaristía

HOMBRE ← comunión → compartir

Y es simétrica a la procesión de la comunión, en la que quienes la distribuyen parten del altar. Esta simetría será todavía más patente si los fieles que han traído los dones son los mismos que ayudan al sacerdote a repartir el pan.

Hay **tres grandes ejes espirituales** que atraviesan el tiempo del ofertorio:

• *«Bendito seas, Señor, Dios del universo, por este pan y este vino».*

Como en la comida tradicional de los judíos, nuestro banquete comienza por una **bendición**. Se reconoce que todo lo que tenemos y todo lo que hacemos viene de Dios, Padre creador del cielo y de la tierra. Primer aspecto de la ofrenda: reconocer en Dios la fuente de todo.

• *«... este pan y este vino, fruto de la tierra y del trabajo de los hombres».*

El pueblo entero sacerdotal tiene la misión de **ofrecer a Dios** toda la creación y toda la humanidad. Estas están aún por salvar; es Cristo el que por el don de sí mismo reconcilia el universo.

• **«Este** pan, **este** vino», y no solamente **el** pan y **el** vino; es decir, el nuestro, algo que viene de nosotros, que nosotros sacrificamos, no ya en el sentido pagano del término para obtener favores (*do ut des*), sino de los que nosotros nos desprendemos. Es que las cosas corren el riesgo de poseernos a nosotros, si no nos desprendemos de ellas. Y es que sobre todo, una vez más, vienen de Dios y nosotros no somos más que sus administradores.

Ofrecer de lo suyo es todavía más profundamente ofrecerse a sí mismo. Con los dones que presentamos, es **la iglesia la que se presenta a sí misma**, para que el Señor la recoja en su impulso de ofrenda y de esta forma quede transfigurada en cuerpo suyo.

• Finalmente, aun cuando esta dimensión no aparece explícitamente en las oraciones, hay tradicionalmente en el rito una idea de **compartir**. El pan y el vino se ofrecen para ser distribuidos en comunión. Del mismo modo, las diversas colectas se repartirán para las necesidades de la iglesia local, diocesana o universal, o para los pobres. Una vez más, nuestra vida...

Evidentemente, no es posible subrayar todas estas dimensiones en cada eucaristía. Habrá que centrar el proyector sobre la una o la otra, según el contexto global de la misa.

Para la **ambientación sonora** de la preparación de los dones, se les da amplio margen a los responsables. Si no hay ni canto ni música, es lógico que el sacerdote utilice las fórmulas verbales previstas (pero no tiene por qué decir en voz alta las oraciones «privadas» que acompañan a la gota del agua, al lavabo y a la inclinación).

Pero si son posibles el canto y/o la música instrumental, serán bienvenidos. En efecto, después de la densidad de la liturgia de la palabra, conviene hacer del rito de preparación de los dones un tiempo más distendido al que le va bien una pieza de órgano, un canto de la coral o hasta un canto de la asamblea. En ese caso, el sacerdote no tiene que rivalizar con los músicos, ya que no es necesario, sino que *puede*, indica el misal, decir en voz alta las oraciones de presentación.

En el repertorio de cantos hay que descartar los de la primera generación, que están demasiado marcados por la piedad del antiguo ofertorio. En compensación, muchos cantos de acción de gracias y salmos de alabanza expresan muy bien el reconocimiento de que «todo viene de él, todo es por él», y se tiene sobre todo la ventaja de «lanzar» la alabanza, que es el primer tiempo de la eucaristía. Por ejemplo, el Magnificat en una fiesta de la Virgen, el «gran Hallel» para la eucaristía pascual. Estas pistas subrayan este aspecto de **apertura de la eucaristía** que podemos ver en estos ritos.

Quizás más que ningún otro, este momento de nuestras eucaristías se basa más en la calidad de los gestos que en la abundancia de las palabras. Rito simple en su realización, puede tener mucha riqueza de sentido. Rito secundario, tiempo más débil de la celebración, no por eso es indispensable para el equilibrio y por tanto para la significación global de nuestra eucaristía. **Preparación de los dones, es también preparación de los corazones para unirse con la única ofrenda, la de nuestro Señor.**

Pan y vino, símbolos de una gran riqueza

Vimos en la p. 9 la importancia del pan en la simbólica. El vino sugiere igualmente la idea de compartir (el verbo alemán **trinken**, que significa **beber**, ha dado origen a **trinca**, reunión de amigos). Además, evoca la alegría, la fiesta, la abundancia, pero también la orgía, el exceso, el mal.

Para el hombre de la biblia, su significado era aún más rico. El Antiguo Testamento hablaba del pan de la sabiduría, ordenadora de los designios de Dios, que pone su mesa para los que quieren alimentarse de la inteligencia divina. Y habla también del maná, el pan que ha bajado del cielo.

Todo esto está en el trasfondo del c. 6 de san Juan, donde se presenta Jesús como «el pan bajado del cielo»; él da su palabra y su carne como alimento de eternidad.

En el Antiguo Testamento, el vino simboliza la abundancia y la fecundidad. La copa que hay que beber es a veces amarga: es el proyecto de Dios que hay que cumplir con todas sus exigencias, pero es también la copa de bendición. El vino nuevo es la alegría mesiánica y la radical novedad del reino que hace reventar los odres viejos. Habría que señalar también todo el simbolismo de la viña... No es, por tanto, una casualidad que Jesús tomara vino para celebrar la nueva alianza.

¿Pan ázimo o pan normal? ¿Vino rojo o blanco?

Aunque no cabe duda de que Jesús empleó pan ázimo, en los orígenes de la iglesia los fieles traían de sus casas pan fermentado. Sencillamente, se escogían los panes que tenían mejor apariencia y los más sabrosos.

En el siglo X, la vuelta del pan ázimo (sin fermentar, o sea el pan de los que viajan, el pan del éxodo) perjudicó al sentido de la ofrenda. Al mismo tiempo, cuando los teólogos empezaron a preocuparse por los problemas de la presencia real, ese pan se convirtió en un pan que contemplar, en la hostia que adorar, más que en un pan que compartir y que comer. Tomó entonces la forma redonda (forma plena, pero también forma cerrada...) y la apariencia blanca (signo equivalente de pureza), que es la que hoy conocemos y que ha fomentado toda una literatura devota, pero a veces sospechosa.

Veremos en la p. 148 lo que hoy exige la iglesia para la fracción del pan.

En cuanto al vino, ha sido simplemente una razón práctica la que ha hecho preferir el vino blanco (mancha menos el purificador); pero puede escogerse el rojo. Lo que se exige es que «sea del fruto de la vid, natural y puro, sin mezcla de sustancias extrañas».

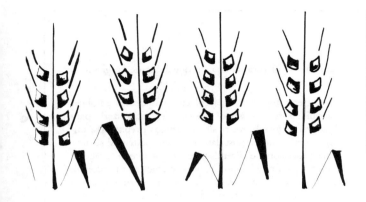

El incienso

Después de ofrecer los dones, el sacerdote puede incensarlos, lo mismo que al altar y al pueblo. «La oblación de la iglesia y su oración» suben así como el incienso hasta la presencia de Dios.

«Encargar misas»

La práctica que consiste en dar una limosna por una intención personal es muy antigua y se justifica en la medida en que no se pretenda canalizar para uno solo —¿acaso es esto posible?— los frutos del sacrificio eucarístico.

Pero es penoso oír hablar de **honorarios**, como con el médico o el notario, leer en las sacristías las **tarifas** de las misas, oír a la gente preguntar al señor cura: **«¿Cuánto es? ¿Cuánto le debo?»**. Y el hecho de «encargar misas» sin participar nunca en ellas, ¿tiene realmente el sentido cristiano de ofrenda? Sin querer juzgar de la fe de la gente, toda esta práctica tiene visos de paganismo.

Este vocabulario y esta manera de obrar están profundamente arraigados. Sabemos que en muchas diócesis los sacerdotes pueden actualmente prescindir de esta fuente de recursos.

Sea lo que fuere, hay que hacer todo lo posible, tanto en el lenguaje como en la práctica, para que, estimulando las ofrendas de los fieles, se les dé un sentido más justo de la eucaristía.

La colecta

¿Un sacramento, por ser «signo sensible y eficaz», como decía un sacerdote con buen humor?... ¡No!

¿Un gesto litúrgico? Ciertamente que sí, a no ser que por razones legítimas se haya dejado para el final de la asamblea.

Pero todo depende de la manera de hacerla. En muchas iglesias todavía la colecta se prolonga más allá del ofertorio, y sabe Dios si no habrá muchos cristianos que se crispen por ese ruido de dinero en torno al altar; no es que discutan el sentido y la necesidad de ese gesto, ya que son muchas veces los más generosos, sino porque les preocupa, por una parte, la calidad de la oración y por otra, la imagen que se da de la iglesia, al obrar así.

¿Tiene importancia la colecta? ¡Cuidemos entonces la **calidad de este gesto**! No es difícil organizarla para que sea lo más breve posible: cestillos preparados, número suficiente de postulantes. Mejor todavía, si se hace una procesión de ofrendas, esperar a que se acabe la colecta para que los postulantes se unan a la procesión. Esto supone que el sacerdote espera. ¿Estamos todos convencidos de la necesidad vital de la colecta? Entonces, ¿será demasiado pedir que se le consagre un minuto mientras toca el organista o se dan algunos avisos?

Ritos anejos

• El lavabo

Después de presentar al Señor el pan y el vino, después de haberlos incensado, si se quiere, el sacerdote se lava las manos diciendo en voz baja este versículo del salmo 50: «Lávame, Señor, de mis culpas, purifícame de mi pecado...». Antes del concilio, decía el salmo 25: «*Lavabo inter innocentes manus meas* (lavaré mis manos entre los inocentes)»: de ahí el nombre de este rito adicional.

Su origen parece ser que es doble: por un lado, de orden práctico, ya que el sacerdote se ha ensuciado las manos al recibir los dones de la naturaleza; por otro, como en algunas tradiciones antiguas se lavan las manos en señal de purificación, antes de la oración personal, este rito tiene un simbolismo de orden espiritual.

Hoy sólo queda esta segunda dimensión. Pero cabe dudar del valor expresivo de un gesto que consiste en humedecer la punta de los dedos con tres gotas de agua (!).

• La gota de agua mezclada con el vino

También aquí se habla de un doble origen: algunos creen que los vinos de la antigüedad eran demasiado fuertes para beberse sin agua. Pero es indudable que, desde muy pronto, este gesto tuvo una significación espiritual: la unión de Cristo con su pueblo o, en el contexto de las controversias sobre el dogma de las dos naturalezas de Jesús, la unión de la humanidad y la divinidad. La oración privada que acompaña hoy a este rito conjuga las dos significaciones. Como en el lavabo, habría que ver si este simbolismo le dice hoy algo a los cristianos del siglo XX.

• La oración sobre las ofrendas

Oración presidencial que concluye la preparación de los dones, se dijo muy pronto en privado (de ahí su nombre de *secreta*). El Vaticano II la ha hecho pública. Pero muchas veces resulta superflua. Hay aquí un pequeño problema de funcionamiento mal resuelto...

29

Dio gracias

Dejando aparte el antiguo canon romano, las nueve plegarias eucarísticas instauradas por el Vaticano II están todas ellas calcadas más o menos sobre el mismo esquema. He aquí los diversos elementos que iremos comentando a continuación.

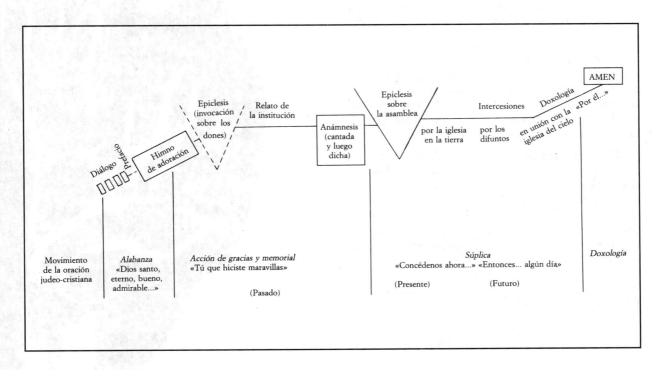

Bendecir, alabar, dar gracias, hacer eucaristía. Todos estos términos son sensiblemente sinónimos, incluido el término «bendecir» que hay que tomar en su sentido original de «decir bien» de una persona (pensad en su contrario «mal-decir»), más bien que en el sentido corriente de pedir que se le conceda a uno una gracia.

Ya hemos visto, al introducir estas páginas sobre la eucaristía, que este movimiento de alabanza hunde sus raíces en la oración bíblica. Alabar, bendecir, dar gracias, hacer eucaristía es algo muy distinto de agradecer. Agradecer es mostrar nuestra gratitud, pero con la esperanza de obtener otros favores. Lo mismo ocurre en los cultos paganos y muchas veces en nuestras relaciones sociales. Aquí, en la eucaristía, se trata de una mirada desinteresada al otro, de una admiración por las maravillas que ha hecho.

Mientras no se capte esta distinción, sutil pero esencial, no será posible penetrar en el movimiento de la eucaristía (si es que es posible penetrar en ella por entero, ya que «grande es el misterio de nuestra fe»).

La **alabanza** es el punto de partida de la plegaria eucarística que se llama **«prefacio»** (palabra que tiene aquí el sentido de «proclamación pública»). En la oración universal n. 4, esta alabanza desborda ampliamente el prefacio y recoge toda la historia de las maravillas de la salvación.

En la enumeración de las maravillas de Dios culmina lógicamente la maravilla de las maravillas, Jesús, el Hijo de Dios, el Señor, y el don que ha hecho de sí mismo para salvar a la humanidad. Por eso (después de una vuelta por la epiclesis sobre los dones) esta alabanza desemboca en el **relato de la institución** en donde se dice todo sobre este sacrificio de Cristo.

El sacrificio de alabanza

Dar gracias, alabar, hacer la eucaristía, es además reconocer que todo viene de Dios y que es él el

que actúa «siempre y en todo lugar». Por consiguiente, es desposeerse del dominio del mundo, despojarse de sí mismo, descentrarse en otro. Por eso, en el contexto eucarístico alabar es también sinónimo de ofrecer y de consagrar. Es lo que en el Antiguo Testamento se llamaba el **sacrificio de alabanza**. Jesús fue eucaristía viva y total; no tuvo más que un alimento: «cumplir la voluntad del Padre». Esta desposesión de sí mismo en el impulso de amor que le llevaba hacia el Padre (y hacia nosotros) constituye su sacrificio. Jesús no se contentó con palabras, no rezó sólo con los labios, sino que «se consagró» a su misión, y su alabanza, su eucaristía, lo llevó al destino que ya conocemos. La misa no es un sacrificio en el sentido pagano de la palabra, en donde se destruye una víctima para agradar a los dioses, sino la ofrenda espiritual (y por tanto total) del amor.

Haced esto en memoria mía

La eucaristía es también **memorial**, con tal que se tome esta palabra en sentido fuerte y no ya de un puro recuerdo.

«¡Haced esto en memoria mía!». *Esto* quiere decir: renovar los gestos de la cena, ciertamente, pero además renovar los gestos de Cristo en su muerte y su resurrección, entrar en su sacrificio, rehacer el don que hizo de sí mismo. Como lo dice aquel canto tan sobrio y tan hermoso de D. Rimaud:

> *En memoria del Señor,*
> *que nos ha partido el pan.*
> *En memoria del Señor,*
> *seremos hoy el pan partido*
> *por un mundo renovado,*
> *por un mundo hecho de amor,*
> *para que lleguen los días*
> *de la justicia y de la paz.*

Es significativo que el evangelio de Juan, en vez de narrar la institución de la eucaristía, nos relate el lavatorio de los pies: «*Amaos los unos a los otros como yo os amé*».

Por eso el sacrificio de Cristo no se renueva de forma mágica, bajo el efecto de unas fórmulas de consagración.

El cuerpo del Señor

Aquí hemos de recordar un aspecto de la presencia real que estuvo oculto durante siglos: «real» no significa aquí «verdadera», sino bajo el signo de una realidad, el pan y el vino.

Lo que nuestra fe discierne bajo el signo del pan y del vino, no es naturalmente el cuerpo físico de Jesús de Nazaret, sino **el cuerpo del resucitado**. Pero tampoco es solamente el cuerpo del resucitado, sino que es también y al mismo tiempo su cuerpo hoy, **su cuerpo eclesial** (o su cuerpo «social»; «místico», dice la tradición teológica). Eso es lo que significa Pablo cuando, reprochando a los corintios su egoísmo en los ágapes, les dice: «*Discernid el cuerpo del Señor*»: el cuerpo, o sea, vuestros hermanos que son la iglesia. Y lo veremos también a propósito del rito de comunión (p. 150), según una idea que desarrolla san Agustín.

Animado por el Espíritu

Si se necesita otra prueba, podemos recordar la simetría de las dos invocaciones al Espíritu (epiclesis): una sobre el pan y el vino, la otra sobre la asamblea.

Y esto es lógico; si la iglesia puede celebrar de verdad la cena del Señor, es en la medida en que se deje penetrar por «*el Espíritu, el espíritu de amor, el espíritu mismo del Hijo*» (plegaria eucarística para asambleas importantes), el Espíritu que hoy nos habla y nos transforma; por eso no hay eucaristía sin liturgia de la palabra.

No podemos reconocer las maravillas de Dios, sin implicarnos totalmente, sin unirnos al don de Cristo, sin dejar que el Espíritu realice en nosotros un paso (es decir, una pascua) del pecado al amor.

Tenso hacia el por-venir de Dios

«Todo está cumplido» ya por Cristo, pero todo está aún en cumplimiento. De eucaristía en eucaristía, de domingo en domingo, nos vamos haciendo un poco más el cuerpo del Señor, en la liturgia y en la existencia inseparablemente (siendo la una el reflejo y la fuente de la otra, mutuamente). Haciéndonos un poco más eucaristía, viviendo y celebrando la pascua, bajo el efecto del Espíritu, va naciendo poco a poco un mundo nuevo, un mundo de amor, de fraternidad, de paz, de justicia, que sustituirá algún día definitivamente a este mundo presente. Por eso nuestras eucaristías están todas ellas *tensas* hacia adelante, son escatológicas, es decir vueltas **hacia el retorno de Cristo**.

Este es el sentido de la **anámnesis** (palabra derivada de *mnesis*, es decir «recuerdo», como en «a-mnésico»). Proclamamos la muerte del Señor (acontecimiento pasado), celebramos su resurrección (está vivo actualmente), esperamos su regreso (acontecimiento por-venir). De estas tres dimensiones temporales, la última es la más importante. Es el *Maranatha*, el «Señor, ven» de los primeros cristianos, con el que Pablo concluye a menudo sus cartas.

Acuérdate de tu iglesia

Puesto que este cuerpo eclesial de Cristo, dispuesto a través del tiempo, está en fase de lenta maduración, el movimiento de la oración eucarística nos conduce naturalmente a «rezar por» (tenemos este mismo movimiento en la oración bíblica): «*Acuérdate de tu iglesia...*»

Rezamos por la iglesia de hoy, reunida en torno al papa y a los obispos, y por nuestros hermanos.

Rezamos por los miembros de la iglesia y por todos los que han vivido rectamente (miembros de la iglesia sin saberlo), que ya han doblado el cabo de la muerte.

Finalmente, la evocación del cuerpo total de Cristo no sería completa si no evocáramos a los santos: María, en primer lugar, y todos los demás con los que esperamos juntarnos algún día en la gloria.

Por él...

Y todo este movimiento se resume en la magnífica fórmula lapidaria: *por él, con él y en él* sube hasta el Padre, en el Espíritu, la eucaristía de la iglesia.

La oración eucarística es una acción

Todo lo que acabamos de esbozar (se han escrito libros enteros sobre este tema) es muy rico. Pero la liturgia no es una suma de artículos doctrinales. Y el contenido que hemos descrito, aunque de vez en cuando tenga que ser objeto de una catequesis (o más exactamente de una mistagogia), tiene que ser vivido ante todo a través de unas **acciones simbólicas**. La liturgia es hacer (véase c. 4).

¿Qué es lo que ocurre en la práctica actual? Pensamos y decimos que la acción eucarística es el punto culminante de la misa. ¿El punto culminante? ¡Casi nos entra la tentación de decir que es «el llano total»! Porque, después de una liturgia de la palabra, nueva en cada misa, nos encontramos en país ya conocido y a menudo la asamblea se amodorra. Por esta misma razón, muchos sacerdotes pisan el acelerador y los fieles no tienen ya tiempo de entrar en el juego.

Después de todos aquellos siglos en que los fieles siguieron de lejos lo que ocurría allí arriba, según un modelo que funcionaba bien en el plano de la acción, pero no daba cuenta de la dinámica eucarística (véase p. 137), el Vaticano II ha tenido la preocupación, que nunca alabaremos bastante, de hacer inteligible la plegaria eucarística. Pero ha escogido para ello un modelo de oración eucarística en que el discurso verbal se impone a una participación de los fieles reducida al sanctus, a la anámnesis y al amén final (notemos en este sentido que, si muy pronto se creó el hábito de decir todos juntos el «Por él, con él y en él...», ha sido instintivamente para colmar una frustración y no para quitarle al sacerdote su función presidencial, como intentaban hacernos creer).

Sin querer meternos a dar consejos a troche y moche, nunca insistiremos bastante en que los sacerdotes no reciten, sino que digan; en que hagan sentir las articulaciones de la plegaria eucarística por medio de pausas entre sus diversas partes; en que sus gestos, los pocos gestos que hacen, estén impregnados de una sobria dignidad, etc.

¿Por qué tan poca variedad en la elección de los formularios? Actualmente disponemos de diez plegarias: I, II, III y IV; de reconciliación I y II; de niños I, II y III, que pueden utilizarse cada vez que hay un número apreciable de niños en la asamblea; oración para asambleas importantes con sus cuatro fórmulas de prefacio y cuatro de intercesión. La elección de la plegaria eucarística podría y debería hacerse de acuerdo con la liturgia de la palabra del día (y el equipo litúrgico tiene su palabra que decir).

¿Será pedirles demasiado a los sacerdotes que sean creativos? La primera etapa de la creatividad es el tono de la voz; pero es posible una segunda etapa de la creatividad si, con prudencia, se da en algún otro sitio un pequeño colorido a la plegaria eucarística con alguna breve interpolación que despierte el sentido y recuerde la liturgia de la palabra.

Una acción de todo el pueblo

La oración eucarística es una acción de todo el pueblo (la prueba es que el sacerdote no dice nunca «yo», sino siempre «nosotros»).

Algunos lo han sentido tanto que se han tomado la libertad de hacer que diga el pueblo algunas partes de la oración eucarística. A pesar de su buena intención, no es posible aprobar esta manera de obrar, aparte de que corre el riesgo de borrar el papel del sacerdote, esencial en nuestra fe católica, los textos no están concebidos para decirlos colectivamente (se advierte bien en las concelebraciones). Otra mala solución: he podido comprobar que se está extendiendo la práctica de hacer tocar al organista durante la oración eucarística; una prueba más de que se busca un subterfugio para el aburrimiento.

Las buenas pistas de solución están más bien en una **participación específica de la asamblea**. Podemos imaginarnos, por ejemplo, algunas intervenciones habladas en el momento del prefacio o en el momento de las intercesiones en que se haga oír la oración del pueblo. Pero sobre todo puede hacerse esto en las grandes asambleas.

La pista del **canto**, que parece la más segura, es también la más tradicional. Hay algunos hermosos himnos eucarísticos que pueden ir puntuando la acción eucarística (algunos se han compuesto con esta finalidad). Pero sobre todo se encontrará un modelo excelente en las plegarias eucarísticas para asambleas con niños. Compuestas (y autorizadas) después de varios años de experiencia según un modelo puramente verbal, se caracterizan por intervenciones cortas, cantadas, que marcan muy bien el progreso de la acción. No hay nada que impida aplicar este modelo, en todo o en parte, a los demás formularios.

Los cantos

En estas columnas se ha evocado el modelo de las intervenciones cantadas. Unas cuantas observaciones sobre los cantos habituales:

— **El diálogo inicial**. Se remonta a los dos primeros siglos. Su misión es la de lanzar la acción eucarística. Si el sacerdote puede hacerlo de forma correcta, será siempre mejor cantarlo.

Al contrario, no puede recomendarse tan en general el canto del prefacio y de la institución, si el presidente no es capaz de «semitonar», que consiste en hablar-cantando y que exige del que lo practica la doble y rara cualidad de ser un buen cantor y un buen locutor.

La concelebración

La concelebración por un número importante de sacerdotes impresiona a menudo al pueblo cristiano. Corresponde también a la piedad en la que se han formado la mayor parte de los sacerdotes actuales, muy apegados a la acción consecratoria individual.

Pero plantea dos clases de problemas:

— un problema práctico: algunas partes son dichas por todos, pero el género literario de las plegarias eucarísticas es un discurso presidencial e individual. De ahí el carácter muchas veces pesado de estas intervenciones colectivas;

— un problema litúrgico: simbólicamente, en la eucaristía hay una cabeza (Cristo, representado por el ministerio de la presidencia) y un cuerpo (la asamblea). Hay una distorsión en el simbolismo cuando la cabeza... es mayor que el cuerpo, o sea, cuando hay un desequilibrio entre la masa de «presidentes» —¿habrá que llamarla así?— y la masa del pueblo.

— **El sanctus**. El texto procede de Is 6 en su primera parte (Sal 117) y de Mt 21, 9 en la segunda. Es la expresión perfecta del sacrificio de alabanza. Esencialmente, se trata de un canto colectivo que corresponde cantar al pueblo (y no sólo a la coral).

La hechura musical de nuestros «sanctus» actuales no es satisfactoria, en el sentido de que constituyen a menudo una plegaria aislada, que rompe la unidad de la alianza. Es verdad que esta pieza es un poco aclamación, pero al mismo tiempo es adoración. Hay pocas piezas que respeten este doble carácter.

— **La anámnesis**. Le corresponde también al pueblo (el sacerdote tiene su fórmula propia de anámnesis). Va dirigida a Cristo (único caso en la plegaria eucarística que, desde luego, va dirigida al Padre). Su expresión se ve muy favorecida por el canto.

— **El amén final**. Como hemos dicho, su brevedad resulta ridícula en comparación con todo lo que acaba de pasar. El triple amén no ha tenido éxito, no sabemos por qué. Pero son posibles otras fórmulas, por ejemplo la amplificación del amén con un aleluya, en tiempo pascual...

En las asambleas dominicales sin sacerdote

La acción de gracias

Aunque no puede celebrarse sacramentalmente la eucaristía, al faltar el sacerdote, toda asamblea cristiana es, por naturaleza, «eucarística»: la acción de gracias es un elemento esencial de sus celebraciones.

Para ello, siempre es posible utilizar los prefacios del misal. Para que sea percibida realmente como un gesto de alabanza, será oportuno encajar la proclamación en un canto de alabanza (salmo o cántico) o puntuarla con aclamaciones (cf. *Plegaria eucarística para niños*, n. 2).

Algunos gestos

La plegaria eucarística actual ha perdido mucho en su carácter visual; al celebrarse de cara al pueblo y en la lengua del pueblo, muchos gestos (o señales sonoras, como la campanilla) resultan inútiles y hasta molestos (sobre todo en la epiclesis).

Sin embargo, cuando se miran las cosas de cerca, todo es gesto.

Nos **levantamos** para celebrar el banquete pascual, en la actitud de peregrinos del éxodo, pero también en la de resucitados.

«Levantemos el corazón»: los orientales llamaban a la eucaristía **anáfora** («llevar hacia arriba», es decir, alabar, ofrecer). Toda la eucaristía es **subida hacia el Padre**, elevación de los corazones (es decir, en la cultura bíblica, elevación de todo nuestro ser).

Y en la doxología final, la acción eucarística culminará en la **elevación** del pan y del vino consagrados (no hay lugar para elevar los dones en el momento de la consagración).

Son también gestos la **proclamación** de la oración eucarística, ya que decir es hacer; el **canto del Sanctus** (con los ángeles y los santos, con la creación entera **proclamamos** el himno de tu gloria); la **anámnesis** (Pablo dice: «*Cuando coméis este pan y este vino, proclamáis la muerte del Señor, hasta que venga*»).

No, la plegaria eucarística no es ni debería ser un puro discurso; todo nuestro ser está invitado a subir con Cristo hacia el Padre. ¿Sabremos pasar de las palabras a la re-creación de todos estos gestos? El futuro lo dirá.

«Santo, santo, santo…».

30

Lo partió
y se lo dio

Los ritos de comunión se celebran en dos tiempos: el de la fracción del pan y el de la comunión. En su origen, eran de una gran sobriedad, como se observa hoy el viernes santo. Luego se cargaron de diversos elementos que el Vaticano II no ha suprimido (incluso se ha añadido la oración por la paz, que se decía antes en voz alta). Podemos lamentarnos de esta acumulación de pequeños ritos que parten la duración, rompen el movimiento y retrasan el gesto de la comunión. Por eso mismo conviene poner de relieve los elementos más fundamentales y más tradicionales: la oración dominical, la paz, la fracción y la comunión.

El Padrenuestro

Desde muy antiguo, se sitúa en este lugar porque en él se pide «nuestro pan de cada día» y también con una finalidad **penitencial**: «perdona nuestras ofensas..., así como nosotros perdonamos... Líbranos...». La prolongación de esta última petición (el «embolismo», en lenguaje litúrgico) después del Padrenuestro subraya muy bien esta segunda intención: acercarse a la mesa del Señor con sentimientos de conversión a Dios y a nuestros hermanos.

La introduce el sacerdote: el misal sugiere dos fórmulas, pero no hay nada que prohíba modificar su enunciado inspirándose en el misterio del día. No se trata de una fórmula que haya que recitar de forma mecánica: «Rece usted tres padrenuestros y dos avemarías...».

Tanto si se canta (véase más adelante) como si se dice la oración dominical, ha de ser ante todo una oración y no una recitación; o, mejor dicho, que sea **una re-citación** (!). La manera como la introduce el sacerdote condiciona mucho el tono y el ritmo colectivos. En el mejor de los casos, la interioridad con que la reza la asamblea es, por experiencia, una prueba excelente de su cohesión y de la calidad de su participación.

La paz del Señor

Después de haber desaparecido durante mucho tiempo, al menos para los fieles, este rito tan hermo-

146

so ha sido devuelto por el Vaticano II al pueblo de Dios. Pero a veces ha sido mal recibido por los fieles. Se han escuchado contra él **dos objeciones**:

1) «Es **artificial** este gesto realizado con un desconocido». A esta objeción se puede responder: «Dentro de poco, vas a comulgar con ese desconocido. ¿Y te parece eso poco adecuado? ¿No será que ese gesto de paz te compromete más aún que la comunión? El gesto de paz te obliga a salir de ti mismo, de ese mundo interior en el que te gusta refugiarte muchas veces, sobre todo en la iglesia. En el fondo, estoy dispuesto a creer que la forma con que tú sientes ese gesto expresa con claridad si vives la liturgia con todo tu ser».

2) Otra objeción: «No es un gesto **verdadero**, porque nunca estamos realmente en paz con los demás». Esta objeción es más grave; eso quiere decir que no podemos comulgar nunca, ya que nunca vivimos la unidad perfecta. Decimos: «Señor, yo no soy digno», pero vamos a comulgar. Antes de hacer el gesto de paz, podríamos decir: «Señor, mi caridad es muy imperfecta». Esta objeción toca un pun-

to esencial de la fe cristiana: el gesto de paz es más bien una **acogida** de la paz que viene del resucitado, y por tanto conversión, que esfuerzo voluntarista; es además anuncio de una paz ya adquirida por Cristo, pero que está aún por hacer y que será definitiva y plena al final de los tiempos. Esta dimensión de acogida y este carácter **profético** del gesto de la paz se encuentran por otra parte en toda celebración cristiana. En este sentido debería hacerse una mistagogia (iniciación) al gesto de la paz.

En la práctica, se deja una gran libertad en cuanto a la forma y en cuanto al hecho mismo de proponer este gesto. Es éste un punto en el que se verifica que en la liturgia todo se apoya entre sí. Si la asamblea no está verdaderamente trabada entre sí a través del desarrollo de la misa, es inútil e inadecuado proponer este gesto.

La fracción de pan

«*Lo reconocieron al partir el pan*». Esta expresión es uno de los términos consagrados en el Nuevo Testamento para designar la eucaristía. Esto señala su importancia y la oportunidad con que el Vaticano II ha restaurado este gesto. Por lo menos en teoría, porque en la práctica..., ¿qué ha pasado después de 20 años?

La razón es muy sencilla. Si no hay fracción, es decir, un gesto que exprese el compartir, es que no hay casi nada que compartir, a no ser una «hostia» de 8 centímetros de diámetro y del grosor de un papel. Conviene que recordemos lo que dice el ritual:

«La naturaleza misma del signo exige que la materia de la celebración eucarística aparezca verdaderamente como alimento. Conviene, pues, que el pan eucarístico, aunque sea ázimo y hecho de la forma tradicional, se haga en tal forma que el sacerdote, en la misa celebrada con el pueblo, pueda realmente partirlo en partes diversas y distribuirlas, al menos, a algunos fieles. No se excluyen con eso de ninguna manera las hostias pequeñas, cuando así lo exige el número

de los que van a recibir la sagrada comunión y otras razones pastorales. Pero el gesto de la fracción del pan, que era el que servía en los tiempos apostólicos para denominar la eucaristía misma, manifiesta mejor la fuerza y la importancia del signo de la unidad de todos en un solo pan y de la caridad, por el hecho de que un solo pan se distribuye entre hermanos» (OGMR 283).

¡Está claro! «¿Un alimento?». Ese pan insípido, soso, tan delgado (¡dos dimensiones!), a propósito del cual surge la pregunta inevitable de los niños: «Dime, mamá, ¿qué es lo que estás comiendo?» (y hay que explicarles que es pan, pero que al mismo tiempo no es pan; ¡pobres mamás!) ¿Durante cuánto tiempo se seguirán fabricando esas «pastillas»? ¡Verdad de signo!: ahí es donde ha situarse en primer lugar la tarea litúrgica. ¡Dichosos nuestros hermanos orientales, que no han adoptado el pan ázimo y para quienes el cuerpo del Señor sabe realmente a pan! «Yo soy el pan vivo... ¡Gustad y ved qué bueno es el Señor!». ¡Realismo del sacramento y... presencia real!

Entonces, teniendo en cuenta los imperativos de la comodidad, convendrá observar lo mínimo que desea el ritual. A falta de un pan partido para todos, que se parta por lo menos para cierto número. Que se cuide también la distribución entre los platos: también esto es una acción de compartir. Cuando se ve al sacerdote, después de haber comulgado él, acercarse al sagrario, no puede menos de pensarse, guardados los debidos respetos, en el anfitrión que tomara él solo la comida que acaba de preparar y dijera luego a los huéspedes: «Esperad un momento; voy a buscar en la despensa lo que quedó de la última comida». Leamos una vez más el ritual:

«Es muy de desear que los fieles participen del cuerpo de Cristo con pan consagrado en la misma misa..., de modo que aparezca mejor, por los signos exteriores, que la comunión es participación en el sacrificio que entonces mismo se celebra» (OGMR 56).

¡Siempre la «verdad del signo»!

La comunión

Conviene que la comunión no dure demasiado tiempo, ya que entonces se convierte en distribución en el mal sentido de la palabra (¡hay que hacer cola!): la falta de asociar a los laicos a este servicio de la mesa hace injustificable una comunión demasiado larga.

Banquete del Señor, la eucaristía es banquete fraternal. Esta significación es evidentemente menos perceptible cuando la asamblea es numerosa. Razón de más para no prolongar el rito y cuidar de algunos detalles; por ejemplo, cuando la comunión del sacerdote o de los sacerdotes concelebrantes dura demasiado y, peor aún, cuando el silencio subraya este tiempo muerto; no hay razón para que el organista o la coral estén esperando para cumplir con su oficio. *«El sacerdote participa del pan de vida con sus hermanos»* (OGMR 60). En los grupos pequeños, ganará mucho el signo de la unidad fraterna si se les da a todos el pan eucarístico, antes de consumirlo todos juntos, al mismo tiempo, el sacerdote y los fieles.

En muchos sitios se preocupan debidamente del buen orden del movimiento hacia el altar y se organiza verdaderamente una procesión, guiada a veces por algunos miembros de la asamblea.

De esta forma, el gesto de comunión tiene la oportunidad de ser percibido como un gesto comunitario y de realizarse con el recogimiento deseado.

El Vaticano II ha restaurado el hermoso gesto descrito por Cirilo de Jerusalén en el siglo IV:

«Cuando caminas, no vayas con las manos abiertas delante de ti y los dedos separados, sino haz de tu mano izquierda un trono para la derecha que tiene que recibir al rey; ahueca luego la palma de ésta y toma posesión del cuerpo de Cristo diciendo "Amén"».

También se ha restaurado la fórmula original: «El cuerpo de Cristo», que comenta admirablemente san Agustín:

«¿Quieres comprender lo que es el cuerpo de Cristo? Escucha lo que el apóstol dice a los fieles: "Vosotros sois el cuerpo de Cristo y sus miembros, es vuestro propio símbolo

el que reposa en la mesa del Señor; es vuestro propio símbolo el que recibís. A lo que sois, respondéis: "Amén", y esta respuesta indica vuestra adhesión. Oyes: "El cuerpo de Cristo", y respondes: "Amén". Sed un miembro del cuerpo de Cristo para que vuestro "amén" sea verdadero» (Sermón 372).

Ya hemos explorado este símbolo en la p. 140.

Puede ocurrir que el desplazamiento de los fieles, en las grandes fiestas por ejemplo, resulte difícil, o que en un grupo homogéneo y restringido se quiera subrayar este aspecto del compartir; entonces algunos han tomado la solución de hacer circular el plato. Pero, en ese caso, no hay que olvidar que algunas personas no quieren o no pueden comulgar, que otros quieren comulgar «como antes», en la lengua. Y sobre todo no hay que olvidar que, si se trata de un banquete fraternal, la eucaristía es ante todo un don **que viene de arriba**; por eso habría que pedir que cada uno pasara el plato con la fórmula habitual: «El cuerpo de Cristo - Amén».

La comunión en la copa

La comunión en la copa, que desapareció casi por completo para los fieles a partir del siglo XIII, ha sido hecha posible por el Vaticano II con gran amplitud, ya que

«en esa forma es donde más perfectamente se manifiesta el signo del banquete eucarístico y se expresa más claramente la voluntad con que se ratifica en la sangre del Señor la alianza nueva y eterna, y se ve mejor la relación entre el banquete eucarístico y el banquete escatológico (= al final de los tiempos) en el reino del Padre» (OGMR 240).

Añadamos un motivo más, en nombre de la verdad de los signos: ¿cuánto tiempo todavía tendremos que seguir oyendo al sacerdote decir: «Tomad y bebed todos», siendo así que sólo bebe él? Sin contar con que, ante nuestros hermanos protestantes y ortodoxos, la práctica general actual es una fuente de malestar.

El ritual describe minuciosamente las diversas formas de comulgar en la copa: beber con una cánula de metal o con una cucharilla (poco probable en nuestras regiones), mojar el pan eucarístico en el vino o beber directamente de la copa.

Después de una catequesis necesaria, y con tal de no imponérsela a nadie, no se ve por qué no se ofrece más generalmente esta posibilidad.

Ritos anejos

— Los ritos de fracción y de comunión suponen un número bastante grande de **pequeñas intervenciones**: introducción al Padrenuestro, embolismo, oración por la paz, invitación, presentación del pan y del vino eucarísticos, etc. Si se repiten al pie de la letra estas fórmulas, se corre el peligro de llenar el rito de palabras sin vida. ¿Va en contra de la fe y de las costumbres invitar al sacerdote a adaptar ligeramente estas fórmulas al misterio del día?

N. B.— El misal recoge varias oraciones privadas para el sacerdote. ¡Ya hay demasiados elementos para que el presidente se empeñe en añadir éstos, diciéndolas en voz alta!

— Se prevé siempre un rito secundario: el de la inmixtión (= «mezclar en»), poniendo el sacerdote en la copa una partícula del pan consagrado. Este gesto simbolizaría la unión del cuerpo y de la sangre y la culminación de la resurrección. Un simbolismo muy oscuro para la masa de cristianos.

— La purificación (!) de la copa y de los platos puede hacerse inmediatamente después de la comunión o después de la misa. Esta es la mejor solución: no es nada agradable ver al sacerdote, a veces con un vigor poco discreto, «lavar los platos», ¡aunque sean sagrados!

Los cantos de fracción y de comunión

El Padrenuestro, tanto si se dice como si se canta, ha de ser una oración. Por tanto, pongamos los puntos sobre las íes: fuera de todas las consideraciones estéticas, no van bien con el rito algunas músicas actualmente bastante comunes que sirven de pantalla a la oración del Señor, transformándola en un cántico vago. En la elección de la música, la cuestión es la siguiente: ¿sirve la música a las palabras o son las palabras las que sirven de pretexto a la música?

— **El canto de la fracción.** La triple invocación al «cordero de Dios» pertenece a una antigua letanía y está destinada a acompañar el gesto de la fracción; pero es preciso que ésta tenga cierta amplitud. Entonces podrían hacerse más de tres invocaciones.

La imagen bíblica del cordero se evoca aquí debido a la ruptura del pan que hace pensar en la pasión; pero este simbolismo es secundario respecto al gesto de partir. La última respuesta, «danos la paz», nos hace curiosamente volver atrás, al gesto de paz ya realizado.

Este canto se ve amenazado por la rutina. Hay diversas maneras de poder despertar su sentido: varía el contenido del segundo miembro de la frase («cordero de Dios, que...»), interpolar entre las invocaciones algunos versículos cantados o citas de las lecturas del día, etc. Finalmente, muchos de los llamados cantos de comunión hallarían un lugar muy significativo y volvería a encontrarse el sentido del *confractorium* usado en algunas tradiciones cristianas.

— **El canto procesional de comunión,** también muy tradicional, como indica su nombre, acompaña a la procesión de los fieles a la mesa del Señor. Se lo puede confiar a la coral, pero, si lo canta la asamblea, tiene que llevar un breve estribillo (es difícil caminar, comer, beber y cantar al mismo tiempo). En nuestros países, en que los fieles tienen la buena costumbre de recogerse inmediatamente después de comulgar, el canto se va apagando pronto y puede ser sustituido por la música instrumental, cuando es posible.

— **El himno después de la comunión** tiene un carácter muy distinto. Después de haber guardado silencio los fieles (y no sólo ellos, sino también los ministros), el canto recoge en una voz unánime todas las oraciones personales. Por tanto, a diferencia del canto procesional, será un canto de masa, más bien de forma estrófica, sin alternancia solista / asamblea.

Nótese que es éste el verdadero canto final de la eucaristía. El «canto de salida» es una supervivencia de la época en que, después de cantar toda la misa en latín, se podía —¡finalmente!— cantar en la lengua materna. Y cuando el sacerdote dice: «Podéis ir en paz», hay que... marcharse y no decir a los fieles: «Abrid ahora por la p. 76 para cantar...». Lo mejor sería salir repitiendo, iba a decir tarareando, por última vez un estribillo sacado de alguno de los cantos significativos de la celebración.

El canto procesional de comunión y el himno final son evidentemente facultativos. Con el himno se encadena normalmente la oración después de la comunión con que acaba el rito.

En las asambleas dominicales sin sacerdote

¿Hay que comulgar en ellas?

Algunos creen que es mejor abstenerse de la comunión:

— para no volver a la comunión fuera de la misa que antes se conocía;

— para tomar mejor conciencia de la falta de sacerdote y despertar el hambre de la eucaristía sacramental.

Las cuestiones que aquí se plantean son serias. Pero, ¿con qué derecho se va a privar del pan de vida a los que son precisamente más pobres? Además, la práctica tradicional de la iglesia (que está en el origen del *reservado*) legitima la comunión que, en este caso, no es extralitúrgica (hay una celebración previa de la palabra), sino fuera de la eucaristía sacramental.

El rito de comunión

El Padrenuestro es tradicional en la preparación para la comunión; sería una pena no decirlo entonces. Como en la misa, puede desarrollarse su aspecto penitencial, sobre todo si no se ha hecho esto anteriormente.

Tambien es conveniente el gesto de la paz.

En cuanto al gesto de la comunión, aun en ausencia del sacerdote, no parece serio que vaya uno a servirse a sí mismo al altar. La eucaristía es siempre un don que «viene de arriba», lo cual se simboliza en el gesto de recibirla de otro.

31

El envío

Este último rito encierra tres elementos: un último saludo, una bendición (que es posible desarrollar. Véase el misal) y el envío propiamente dicho.

Su brevedad es significativa; en efecto, si nos hemos reunido, no es para quedarnos bien a gusto entre nosotros, sino para dispersarnos de nuevo para la misión y continuar en la vida de cada día lo que acabamos de celebrar.

Antes del envío es donde suelen situarse los avisos y anuncios. Normalmente, se trata de señalar el calendario de las misas de la semana con sus intenciones, pero debería tratarse sobre todo de compartir la vida de la iglesia local; no se trata de asuntos sólo del clero. Es oportuno, al menos simbólicamente, que los mismos laicos hagan algunos anuncios en los que estén ellos implicados. Si los anuncios son largos, convendrá escucharlos sentados. Así, pues, para evitar tanta gimnasia, ¿por qué no quedarnos ya sentados en la oración con que acaba la comunión?

La salida de la asamblea es muchas veces un buen test de la calidad de la celebración: rostros cerrados o risueños, prisas o intercambio fraternal. Facilitando la cordialidad de las relaciones (atrio bien cuidado, sala de estar, incluso con refrescos), se volverá de algún modo a la fraternidad de los antiguos ágapes.

A MODO
DE CONCLUSION

32

Tarea
del equipo litúrgico

«La eficacia pastoral de la celebración aumentará, sin duda, si se saben elegir, dentro de lo que cabe, los textos apropiados, lecciones, oraciones y cantos que mejor respondan a las necesidades y a la preparación espiritual y modo de ser de quienes participan en el culto... El sacerdote, por consiguiente, al preparar la misa, mirará más al bien espiritual común de la asamblea que a sus personales preferencias. *Tenga además presente que una elección de este tipo estará bien hacerla* de común acuerdo *con los que oficican con él y con los demás que habrán de tomar parte en la celebración,* sin excluir a los mismos fieles *en la parte que a ellos más directamente corresponde»* (OGMR 313).

Así queda legitimada la existencia de equipos litúrgicos.

¿Qué es un equipo litúrgico?

Es difícil responder concretamente a esta pregunta, ya que las situaciones y los recursos humanos son muy variados; en unos sitios, el equipo reúne a todos los que funcionan en la liturgia (animadores, lectores, músicos); en otros, reúne a la gente de buena voluntad, con la presencia de algunos de los agentes de la celebración, asociándose los otros de diversas maneras; en otros sitios, la liturgia se prepara por barrios o por aldeas...

Poco importa la estructura. Lo que interesa es **el espíritu** con que se trabaja y **las tareas** que se realizan.

Su espíritu

Sea cual fuere su composición, el equipo debe estar caracterizado por:

1) el deseo de una **colaboración** fraternal en la que cada uno ocupa su puesto con sus propias competencias;

2) la preocupación de hacer oír **la voz de la asamblea**, o mejor dicho sus voces, ya que la asamblea es diversa. El equipo litúrgico, o es representativo de la asamblea por su composición, o bien sus miembros están atentos a escuchar a la asamblea, cada uno en su ambiente.

1.—*«Misterio» que se celebra*
propuestas del misal $<$ la palabra / los ritos   *Medios* revistas, misal

2.—*Asamblea que se celebra*
composición, «historia», medios, hora, lugar, etc.

A partir de las preguntas 1 y 2, destacar un acento, una línea de fuerza

lograr el encuentro entre asamblea y palabra (homilía)

3.—*Inventariar formas, materiales...*
cantos, gestos, actuaciones, acentuación de un rito, audiovisuales, etc.   revistas, santoral

4.—*Construir la celebración*
ritmo (acentos, contrastes, equilibrio, «recurrencias», etc.)   revistas

5.—*Redactar algunos elementos*

• He aquí, muy esquemáticamente, el proceso de una preparación litúrgica. Pero su aplicación no es siempre la misma. Lo que llamo «trabajo homilético» puede hacerse con algunos cristianos que no tengan ninguna competencia litúrgica especial. Algunos equipos, por ejemplo, se detienen aquí, confiando el resto a los «especialistas», y esto es ya un trabajo esencial. Otros se detienen después del primer tiempo del «cómo celebramos», etc.

• No se puede prescindir de la primera etapa. Si se busca la ayuda —¿por qué no?— de libros o de revistas, es para ganar tiempo (sobre todo para la buena interpretación de la palabra de Dios), no para hacer de sus propuestas un nuevo corset ritual.

• Además, la primera etapa es la que ilumina toda la celebración. De la conversación sobre la palabra, se deducirá un eje, una *dominante* (no ya un tema intelectual). Esta dominante (como se habla de la dominante roja o azul de un cuadro) no elimina las otras riquezas del elemento ritual y bíblico, pero en torno a ella se organizará toda la celebración.

Se trata, por tanto, de encontrar la forma de «colorear» los ritos por el misterio del día, de buscar qué ritos habrá que resaltar en esta perspectiva. En resumen, la liturgia será siempre la misma y siempre nueva.

Ejemplos: la marcha penitencial no será la misma para el primer día de cuaresma que para el día de pascua.

El día en que la liturgia nos hable de nuestro bautismo, la aspersión podrá ocupar el lugar del rito penitencial.

El domingo que tenga como centro la palabra de Dios, se hará una procesión con el libro.

El domingo en que ocupe el centro la cruz de Cristo, se la pondrá en evidencia: póster, flores... Y se hará la señal de la cruz de una forma distinta, para despertar su significación... etc.

Espontáneamente, he puesto aquí algunos ejemplos de *gestos*. Insisto: la liturgia es hacer. Y me parece que es ante todo a este nivel de la *acción* donde se sitúa el verdadero trabajo litúrgico. Para ello no se requiere una especial competencia intelectual, como la redacción de oraciones o de moniciones, sino sencillamente cierto sentido del gesto y del símbolo. No existe un «prêt-à-porter» litúrgico.

No se trata pues de inventar la liturgia, sino de darle todas las oportunidades haciéndola nuestra y otorgándole una coherencia significativa. Esta tarea no es tan difícil como se cree.

Sus tareas

1. Antes de la liturgia

• Una **preparación remota**: se olvida muchas veces que hay que comenzar viendo en qué condiciones se desarrollan las celebraciones: el espacio de la celebración, su organización, su decoración, sus instrumentos (manual de cantos, por ejemplo), etc., conciernen al equipo litúrgico.

• Una **preparación inmediata**: ¿Es indispensable preparar cada una de las celebraciones? Todo depende de la capacidad y del número de los miembros del equipo. ¿No vale más hacer menos y mejor?

2. La tarea de la evaluación

• Resulta tan importante evaluar posteriormente una celebración como prepararla. Lo olvidamos muchas veces. Por ejemplo: examinar la manera como se ha tenido el rito de apertura; o bien, ¿qué percepción han tenido los fieles de la oración eucarística?

Las leyes de la celebración

Sin embargo, los que preparan la liturgia, sobre todo los «maestros de obra» que han de construir el esquema general, tienen que conocer algunas **leyes** que vamos a describir, pero que sólo puede enseñar la experiencia.

1. *La ley del ritmo.* El ritmo es el que da sentido a toda comunicación. Lo comprobamos en el nivel del lenguaje oral: ése es el principio del retruécano, en el que, si se cambia el ritmo, se cambia el sentido. Por ejemplo, ved la diferencia entre: «**Da**mas **sa**len - **la**va la **ca**ra» y «Da más **sal** en la **ba**la cara».

También pueden hacerse retruécanos en la liturgia. Si la colecta dura demasiado tiempo..., si la predicación es lo único «interesante» de la misa..., si se subraya demasiado el proceso penitencial..., si después de una buena liturgia de la palabra, la eucaristía conoce una bajada de tensión (¡y de interés!)...: en esos casos, la significación global de la misa queda falseada.

El ritmo es la vida: los latidos de nuestro corazón, nuestra respiración, el día y la noche, el invierno y el verano, etc.

El ritmo es el sentido de la vida: *orientación y significación.*

Ocurre con la celebración como con una frase melódica:

El Se - ñor hizo en mí ma - ra - vi - llas, ¡glo - ria al Señor!

Tenemos el ritmo elemental: El Señor hizo en mí / maravillas / ¡gloria al Señor! /

Luego, el ritmo del inciso: El Señor hizo en mí *maravillas* / ¡*gloria* al Señor! /

Cada uno con su cima...

Finalmente, todo el ritmo general: la cima de la frase es **maravillas**.

Lo mismo pasa con la eucaristía:

— Cada pequeño ritmo es un ritmo pequeño.

— Los grandes ritos (apertura, palabra, eucaristía) tienen cada uno su cima.

— La cima de todo el conjunto es la eucaristía.

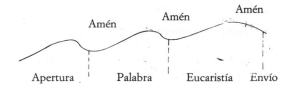

2. *La duración y los contrastes*

Lo que da ritmo a la celebración son las duraciones y los contrastes.

• *La duración*, es decir, la valoración psicológica del tiempo. Un discurso aburrido de diez minutos parece más largo que un discurso vibrante de media hora. La liturgia no camina al paso del cronómetro.

Por eso la programación, a pesar de las previsiones necesarias, debe realizarse siempre con cierta flexibilidad: en el momento oportuno es cuando puede saberse si un silencio ha durado demasiado, o si tal canto tiene necesidad de dos o tres estrofas. Para ello, hay que saber escuchar (p. 59).

• *El contraste* da vida, estimula la atención, despierta los significados; la monotonía es muerte.

Saber utilizar todos los contrastes:

— de actitudes = de pie / sentados / caminar / inmovilidad, etc.

— sonoros = sonido / silencio
= música / palabra cantada / palabra dicha
= musicales: mayor / menor
lento / rápido, etc.
= una voz / varias voces.

— de formas = litánica / estrófica, etc.

— de contenido = conocido / desconocido
= nuevo / antiguo, etc.

Cuanto más contrastes sobrepongo, más fuerte es el contraste.

Por ejemplo: *el salmo* seguido de un *aleluya*:

sentado	de pie
lento	rápido
menor	mayor
acompañamiento	acompañamiento
discreto	brillante
penumbra	luz repentina

Al contrario: he aquí algunos ejemplos de nivelación:

— el mismo lector lee la primera lectura, el salmo y la segunda lectura;

— se reza el credo punteándolo con breves estribillos y se hace luego lo mismo con la oración universal;

— el sacerdote dice toda la plegaria eucarística con el mismo tono y el mismo ritmo.

3. *La ley de la unidad*

Nuestras liturgias dan con frecuencia la impresión de sobresaturadas, especialmente a nivel de cantos. Lo hemos visto a propósito de la apertura. Algunos añaden nuevos cantos y llega a haber en la misa hasta diez o doce diferentes.

Al contrario, siempre que se pueda, hay que utilizar lo que se llama la *recurrencia*: algunos cantos pueden servir para puntuar todos los elementos de un rito de apertura, de la palabra o de la eucaristía. Otros pueden servir para puntuar los grandes ritos.

Ventajas:
- se unifica la liturgia
- se ahorran medios

- se fomenta la apropiación de los símbolos por la asamblea.

Esto mismo puede hacerse con otros elementos:
- un gesto, por ejemplo la incensación
- una frase leit-motiv
- un elemento visual

Esta última ley es también muy provechosa para la sucesión de los domingos. Hay que evitar que todos los 52 ó 53 domingos sigan siempre la misma pauta.

Así, puede escogerse un canto o un símbolo visual que abra una serie de domingos ordinarios (por ejemplo, en el ciclo A el sermón de la montaña, o en el ciclo C los evangelios sobre la riqueza y el dinero). Lo mismo un adviento o una cuaresma, un triduo pascual, un tiempo pascual ganarán mayor unidad mediante la utilización de una recurrencia.

Asambleas dominicales sin sacerdote

¿Una falsa misa?

Algunos actúan de manera que las asambleas dominicales sin sacerdote se parezcan lo menos posible a una misa. Es verdad que la aplicación del ritual es aquí más flexible; pero, por otra parte, no se puede trastornar, sin notable perjuicio para la fe, la dinámica fundamental de la asamblea cristiana, cuyo desarrollo seguirá siempre el orden de: reunión, celebración de la palabra, alabanza y gesto; por otra parte, los fieles necesitan, para orientarse, algunos puntos de apoyo concretos.

Pero, se dice también, ¡se trata de una misa sin oración eucarística y los gestos corren el riesgo de apagar las diferencias! Esta objeción nos remite en realidad a la forma con que se ha celebrado habitualmente la acción eucarística. Si su supresión pasa desapercibida, es sin duda porque, de hecho, no ha tenido la importancia, el peso y la eficacia que habrían sido de desear.

INDICE GENERAL

164

III
LA LITURGIA EUCARISTICA

Anejo = Añadido - Unido - Agregado
Dependiente
Iglesia parroquial de un lugar
sujeta a la de otro pueblo

A MODO DE CONCLUSION

Colección
PARA LEER - COMPRENDER - VIVIR

El Antiguo Testamento
Etienne Charpentier

El Nuevo Testamento
Etienne Charpentier

La historia de la Iglesia, 2 vols.
Jean Comby

Una cristología elemental
A. Calvo - A. Ruiz

Una eclesiología elemental
A. Calvo - A. Ruiz

El matrimonio
Jean Pierre Bagot

La liturgia
Jean Lebon

La antropología, 2 vols.
Jesús Azcona

La historia del pueblo de Dios
Xabier Pikaza

La psicología
Jesús Beltrán

La oración cristiana
Xabier Pikaza

El catecumenado
Casiano Floristán

La ética cristiana
Marciano Vidal

La sexualidad
Félix López

Las religiones en nuestro tiempo
Albert Samuel

Dios
Dominique Morin

Los sacramentos
Jesús Espeja

La eclesiología desde América Latina
Víctor Codina

América Latina, 2 vols.
Gregorio Iriarte

La sociología
Juan González-Anleo

El trabajo social
Teresa Zamanillo - Lourdes Gaitán

La teología
Evangelista Vilanova

El ecumenismo
Juan Bosch

La filosofía del hombre
José Lorite Mena

La evangelización
Casiano Floristán

La educación en libertad
Rafael Jerez Mir

La escatología cristiana
Juan José Tamayo

Las sectas
Juan Bosch

El domingo
Xabier Basurko

Los ministerios de la Iglesia
José María Castillo

El Apocalipsis
Jean Pierre Prévost

La conducta altruista
Félix López (dir.)

La parroquia
Casiano Floristán

Las nuevas formas de la religión
José María Mardones

La filosofía como reflexión hoy
Manuel Maceiras

La sociedad del hombre moderno
A. Calvo - A. Ruiz

El evangelio. Marcos
Xabier Pikaza

La historia
José Sánchez Jiménez

Objeción de conciencia e insumisión
Marciano Vidal

La Animación Sociocultural
S. Froufe - M. González